U0564358

汽车
电气设备构造与维修

一体化工作页

主　编　兰婷婷　黄龙进　黄爱培

副主编　郑月华　曹徐双　蔡邦德

参　编　陆晓丹　欧阳春　赵梓稀　王　程　陆海艳

电子工业出版社

Publishing House of Electronics Industry

北京 · BEIJING

内 容 简 介

汽车电气设备构造与维修是汽车维修技师、汽车维修质量检验员等汽车维修人员的专业技能，是汽车维修高技能人才必须掌握的技能，也是中、高等职业院校汽车类专业的一门核心课程。

本工作页与《汽车电气设备构造与维修一体化教材》一书配套使用，其编排顺序与主教材体系完全一致。本工作页的主要内容包括汽车电源系统，汽车启动系统，汽车点火系统，照明、信号、仪表及报警系统，辅助电气设备，汽车空调系统。

学生在完成专业技能实训操作后，可以巩固相应的专业理论知识。每个主要的项目都有考核，教师能及时掌握学生的专业技能水平，在教学中能把教、学、做、考有机地结合在一起。同时，本工作页根据汽车维修企业的规范操作流程，使学生在教师的引导下完成学习任务；融入思政内容，引导学生遵守相关法律法规、职业道德，并引导学生在专业技能方面精益求精，弘扬我国工匠精神。

本工作页可作为中、高等职业院校和技工院校汽车类专业的教学用书，也可供有关技术人员参考、学习、培训使用。

图书在版编目（CIP）数据

汽车电气设备构造与维修一体化工作页 / 兰婷婷，黄龙进，黄爱培主编. —北京：电子工业出版社，2022.7

ISBN 978-7-121-44019-9

Ⅰ.①汽… Ⅱ.①兰… ②黄… ③黄… Ⅲ.①汽车－电气设备－构造－职业教育－教学参考资料②汽车－电气设备－车辆修理－职业教育－教学参考资料 Ⅳ.①U472.41

中国版本图书馆 CIP 数据核字（2022）第 131057 号

责任编辑：张　凌　　　　特约编辑：田学清
印　　刷：三河市龙林印务有限公司
装　　订：三河市龙林印务有限公司
出版发行：电子工业出版社
　　　　　北京市海淀区万寿路 173 信箱　　　邮编　100036
开　　本：880×1230　　1/16　　印张：10.75　　字数：216 千字
版　　次：2022 年 7 月第 1 版
印　　次：2022 年 7 月第 1 次印刷
定　　价：29.00 元

凡所购买电子工业出版社图书有缺损问题，请向购买书店调换。若书店售缺，请与本社发行部联系，联系及邮购电话：（010）88254888，88258888。

质量投诉请发邮件至zlts@phei.com.cn，盗版侵权举报请发邮件至dbqq@phei.com.cn。

本书咨询联系方式：（010）88254549，zhangpd@phei.com.cn。

PREFACE

前　言

　　本工作页的内容紧扣配套教材《汽车电气设备构造与维修一体化教材》的目标要求，既注重基础知识的巩固，又强调专业能力的培养。教师可根据工作页指导学生进行专业理论的学习，以及技能操作训练等；学生不但可以通过本工作页巩固所学专业理论知识，而且可以通过在工作页上补全技能操作步骤来巩固专业技能。

　　本工作页在练习结束后设有课程项目考核评分表，方便教师对学生的操作技能及时做出评价，提高学生主动学习的积极性；在进行专业技能考核时，增加了思政考核要求，要求学生不但要有精湛的专业技能，而且要有过硬的职业道德及政治素养。

　　本工作页由广西物资学校牵头，联合二十余所职业院校，依托汽车运用与维修专业实训室建设项目（项目编号：GXZC2021-J1-000913-GXZL），在汽车专业理实一体化教学改革成果（国家教学成果奖二等奖）的基础上修编而成。

　　由于编者水平有限，书中难免有不妥和疏漏之处，敬请广大读者批评指正。

编者

2022 年 4 月

CONTENTS

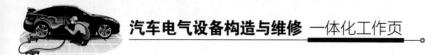

项目一

汽车电源系统

任务 1 蓄电池的构造与检修

姓名：＿＿＿＿＿＿＿＿＿ 班级：＿＿＿＿＿＿＿＿＿ 日期：＿＿＿＿＿＿＿＿＿

复习与思考

基础知识填空

一、电路和电路图

（一）电路

（1）电路是指电流可在＿＿＿＿＿＿＿＿＿＿＿＿＿＿＿＿＿＿＿＿＿＿＿＿组合，图 1-1 所示为最简单的电路，当开关闭合时，＿＿＿＿＿＿＿＿＿＿＿＿＿＿＿＿＿＿＿＿，白炽灯发光；当开关断开时，无电流通路，因此白炽灯不会发光。

（2）标注图 1-1 和图 1-2 中的电气元件的名称。

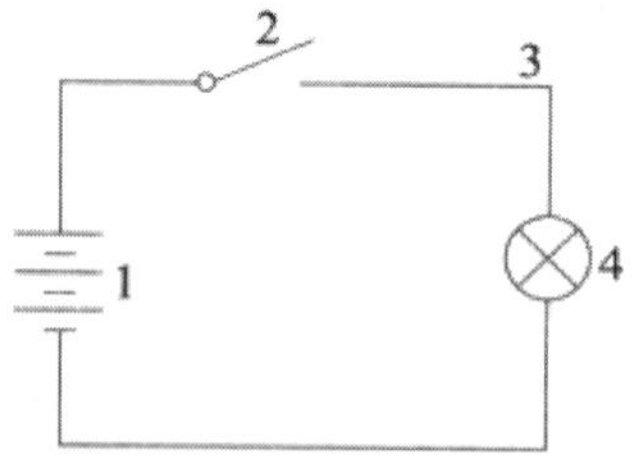

1—＿＿＿＿＿＿＿＿＿；2—开关；3—＿＿＿＿＿＿＿＿；4—白炽灯。

图 1-1 双线制电路图

符号	说明	符号	说明	符号	说明	符号	说明
 ⊥		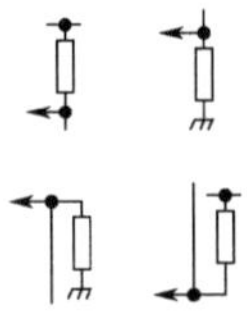 ⊷ ⊶	输入/输出信号电阻器	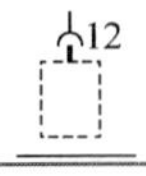 ⌐12	固定在部件上的连接器	 ⊠	
				⌐	非完整部件	 G100	
⊟		⌐ ⌐		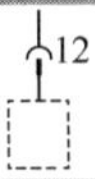 ⌐12		 ／	绞合线
□	完整部件	▽		⬚	螺栓紧固式孔眼端子	 ⬭	屏蔽
⊡		⊟	加热元件	◇	不同配置	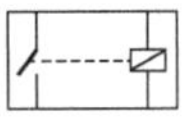 ⊟	
⌇		Ⓜ		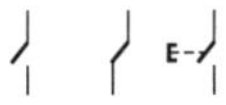 ⌐ ⌐ E	开关	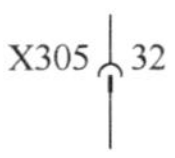 X305 32	

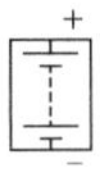

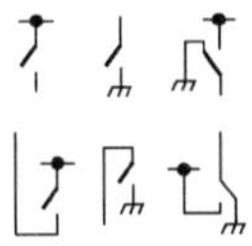

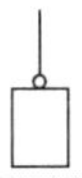

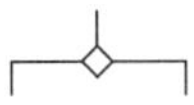

图 1-2　汽车电路图常用电气符号

（二）电路图

通常把电路中的实物用简单的电气图形符号来表示，这样的图叫作＿＿＿＿＿＿＿。

（三）汽车电路的单线制

电源和用电设备之间用两根导线构成的回路称为双线制。

电源和用电设备之间通常只用一根导线连接，而另一根导线则＿＿＿＿＿＿＿＿＿＿＿＿

＿＿＿＿＿＿＿＿＿＿＿＿＿＿称为单线制，图 1-3 所示为负极搭铁的单线制电路图。

由于负极搭铁对无线电干扰较小，因此现在世界各国的汽车采用负极搭铁的较多。

注意：当采用单线制时，蓄电池的一极必须用导线接到车体上，通常称为搭铁，用符号"⊥"表示。如果把蓄电池的负极与车体相接，就称为负极搭铁，实物图如图 1-4 所示；如果把蓄电池的正极与车体相接，就称为正极搭铁。

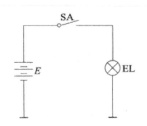

图 1-3　负极搭铁的单线制电路图

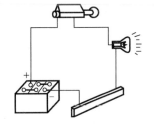

图 1-4　实物图

（四）电路的 3 种状态

1. 通路（闭路）

通路就是 _____，开关闭合时的工作状态即通路状态，通路状态根据负载的大小可分为 3 种。

2. 断路（开路）

断路就是 _____，此时电路中无电流通过。

3. 短路

短路就是 _____，如图 1-5 所示。在图 1-5 中，带箭头的实线表示 A、B 间短路，这时电流不经过灯泡，而由短路点构成回路。

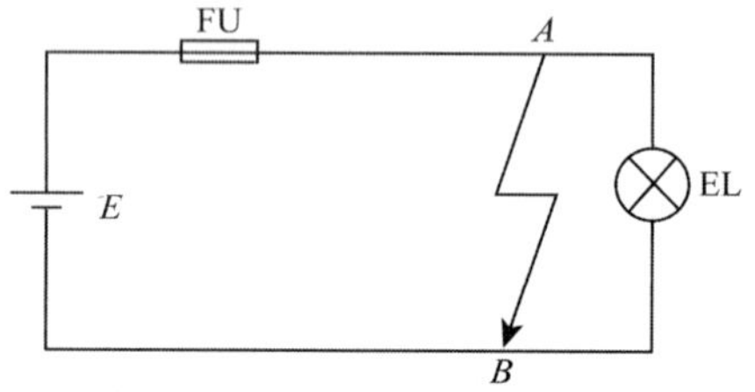

图 1-5　短路电路图

4. 汽车上的短路保护

当电路发生短路或电流超过设备的额定电流时，为了防止导线和电气设备因过热而烧毁，现代汽车电路中都装有 _____。

注意：在汽车上，由于采用 _____，因此，当连接电气设备的火线或电气设备中线圈导线的绝缘损坏而使裸导体直接与发动机或车体的金属部分相碰时，也会造成短路。通常把这种火线碰铁的短路故障称为 _____。

5. 汽车线束及颜色

汽车线束是 _____，在汽车的整个构造中占据着不可或缺的重要地位，没有 _____。目前，不管是高档汽车还是经济型普通汽车，线束编成的形式基本上是一样的，都是由电线、联插件和包裹胶带组成的。

汽车线束从功能上来分，有运载驱动执行元件（作动器）电力的电力线和传递传感器输入指令的信号线两种。

电力线是运送大电流的粗电线，信号线是不运载电力的细电线（光纤通信）。例如，信号电路用的导线截面积为 _____ ，电机、执行元件用的导线截面积为 _____ ，电源电路用的导线截面积为 2mm²、3mm²、5mm²；而特殊电路（起动机、交流发电机、发动机接地线等）则有 8mm²、10mm²、15mm²、20mm² 等多种规格。

随着汽车电气设备的增多，导线数量也不断增加。为了便于维修，低压导线常以不同颜色来区分。其中，横截面积在 4mm² 以上的采用 _____ ，而在 4mm² 以下的则采用双线，搭铁均用 _____ 。

二、汽车电气设备的构成

汽车上的电气设备很多，可划分为七大部分。

（1）电源系：_____ 等组成，是汽车的低压电源。

（2）启动系：主要由起动机和继电器组成，任务是 _____ 。

（3）点火系：主要由 _____ 等组成，功能是将低压电转变为高压电，产生电火花，点燃气缸中的可燃混合气体。现代汽车发动机上使用的点火系统大致可分为 _____ 、_____ 、_____ 3 种。

（4）照明及信号装置：包括各种照明和信号灯及喇叭、蜂鸣器等，任务是确保车内外照明和各种运行条件下的人车安全。

（5）仪表：有电流表、_____ 、车速里程表和发动机转速表等。汽车仪表正向数字化、屏幕化发展。

（6）舒适系统：主要有 _____ 等，任务是为驾驶员和乘客提供良好的工作条件与舒适安乐的环境。

（7）辅助电气：包括 _____ 设备，以及电动玻璃、电动座椅、防无线电干扰设备等。

三、汽车电气设备的特点

汽车种类繁多，电气设备十分复杂，但其基本原理是相同的，电系的特点也基本一致，可用 16 个字来概括，即"_____ 、负极搭铁"。

（1）两个电源：蓄电池和发电机。蓄电池主要在启动时供电；发电机是主要电源，在汽车正常运行时向用电设备供电，同时给蓄电池充电。

（2）低压直流：汽车用电源电压有 _____ 3 种，以 12V 和 24V 居多。直流主要是从蓄电池充/放电来考虑的。

（3）并联单线：汽车上的所有用电设备与交流电系一样，均采用并联方式；不同的是汽车电系的电压低，属于安全电压。发动机、底盘等金属可成为各种电气设备的一条公用线路，这样，由电气设备到电源就只需一条导线，这就是所谓的单线制。

（4）负极搭铁：当汽车电气系统采用单线制时，必须 _____。

▌四、蓄电池

蓄电池是一种化学电源，依靠其内部的化学反应储存电能或向用电设备供电。目前，燃油汽车上使用的蓄电池主要有两大类：_____（以下简称铅蓄电池）和 _____。同时，由于人们对燃油汽车排放要求的提高和能源危机的冲击，各国正在不断探索和研制电动汽车，其主要动力源为新型高能蓄电池。

（一）汽车蓄电池型号识别

蓄电池的型号由 3 部分组成，各部分之间用短线分开。

（1）第一部分为 _____，用阿拉伯数字表示。

（2）第二部分为电池类型和特征，常用汉字的第一个字母表示。电池特征为附加部分，仅在同类用途的产品中具有第二种特征（A _____、H 表示湿荷电、W_____、S 表示少维护、Q 表示启动、I 表示胶质电解液）。

（3）第三部分为电池的额定容量，其单位为 _____，一般在型号中可略去不写，有时在额定容量后面用一个字母表示特殊性能，G 表示_____、S 表示塑料外壳、D 表示_____。

例如，6-Qw-120R 型蓄电池，_____

_____。

_____。

1. 铅蓄电池

铅蓄电池由于结构简单、价格便宜、内阻小、可以短时间供给起动机强大的启动电流而被广泛采用。铅蓄电池又可以分为_____、湿荷电铅蓄电池

和免维护蓄电池。

2．免维护蓄电池

免维护蓄电池又称 MF 蓄电池。免维护是指在汽车合理使用期间，不需要对蓄电池进行加注蒸馏水、检测电解液液面高度、检测电解液密度等维护作业。免维护蓄电池的特点如下。

（1）栅架材料采用铅钙合金，既提高了 _____，又减少了蓄电池的耗水量和 _____。所谓免维护，主要就是指使用过程中不需要 _____ 蒸馏水。

（2）采用了袋式微孔聚氯乙烯隔板，将正极板装在隔板袋内，既可避免 _____，又能防止 _____。因此，壳体底部不需要凸起的肋条，降低了极板组的高度，增大了极板上方的容积，使电解液储存量增多。

（3）_____，仅为普通蓄电池的 1/8～1/6，因此可以较长时间（一般为 2 年）湿储存。

（4）内阻小，具有较高的放电电压和较好的启动性能，耐过充电性能好，极柱无腐蚀或腐蚀极轻。

（5）_____。使用寿命一般在 4 年以上。

（6）蓄电池内部安装有电解液密度计，可自动显示蓄电池的存电状态和电解液液面的高低。如果电解液密度计的观察窗呈绿色，则表明 _____，可正常使用；若显示深绿色或黑色，则表明 _____；若显示浅黄色，则表明蓄电池已接近报废状态。

（7）采用了新型安全通气装置和气体收集器，在孔盖内部设置了一个氧化铝过滤器，可阻止水蒸气和硫酸气体通过，同时可以使 _____顺利逸出；通气塞中装有催化剂钯，可促使氢、氧离子重新结合成水回到蓄电池中。

蓄电池是一种可 _____，既能将化学能转化为电能，又能将电能转换为化学能。

（二）蓄电池的基本结构

标出如图 1-6 所示的蓄电池各组成部分的名称。

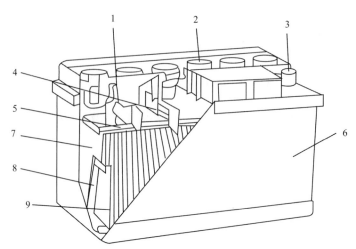

1—_____；2—_____；3—_____；4—穿壁连接；5—汇流条；6—外壳；7—_____；8—隔板；9—_____。

图1-6 蓄电池的结构

（三）蓄电池的工作原理

1．放电过程

当蓄电池充足电时，正极板上的活性物质是_____，负极板上的活性物质是纯铅，在电解液（纯硫酸＋蒸馏水）的作用下，发生以下化学反应：

$$PbO_2＋2H_2SO_4＋Pb \rightarrow PbSO_4＋2H_2O＋PbSO_4$$

反应前：正极（二氧化铅）、电解液（硫酸）、负极（纯铅）。

反应后：正极（硫酸铅）、电解液（水）、负极（硫酸铅）。

如果电路不中断，则上述化学反应将继续进行。电解液中的硫酸因氢离子和硫酸根离子的迁移而被消耗，生成了水，所以放电后电解液的密度是_____。这个过程一直进行到化学反应不能再继续进行。

2．充电过程

如果把放电后的蓄电池接一直流电源，使蓄电池正极接_____，负极接直流电源的负极，则当外加_____时，电流将以与放电电流相反的方向流过蓄电池，使蓄电池正、负极发生与放电相反的化学反应：

$$PbSO_4＋2H_2O＋PbSO_4 \rightarrow PbO_2＋2H_2SO_4＋Pb$$

反应前：正极（硫酸铅）、电解液（水）、负极（硫酸铅）。

反应后：正极（二氧化铅）、电解液（硫酸）、负极（纯铅）。

充电时，正极板外加电流将_____，正极板上原二价铅离子因失去两个电子而成为四价铅离子，与水反应生成二氧化铅（附着在正极板上）。而

在负极板上，由于得到 _____。与此同时，从正、负极上电离出来的硫酸根离子与水中的氢离子结合生成硫酸。因此，在充电时，水被消耗，电解液密度上升。在充电过程中，上述化学反应不断进行。当充电进行到极板上的物质和电解液完全恢复到放电前的状态时，蓄电池又可向外供电。

（四）蓄电池的维护

（1）保持蓄电池外表面清洁干燥，及时清除 _____，并确定蓄电池极柱上的电缆连接牢固。

在清洗蓄电池时，最好 _____，用苏打水溶液冲洗整个壳体（见图 1-7），然后用 _____。对于蓄电池托架，可先用泥子刀刮净厚腐蚀物，然后用苏打水溶液清洗（见图 1-8），最后用水冲洗并干燥。托架干燥后，_____。

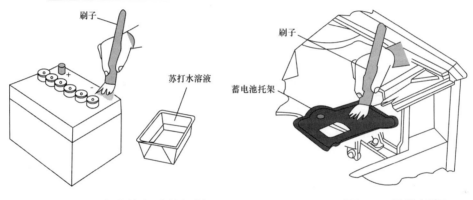

图 1-7　清洁蓄电池的极柱　　　　　图 1-8　清洗托架

对于极柱和电缆卡子，可先用苏打水溶液清洗，再用专用清洁工具清洁，如图 1-9 所示。清洗后，在电缆卡子上涂上凡士林或润滑油以防止腐蚀。

注意：清洗蓄电池之前，要 _____
_____。

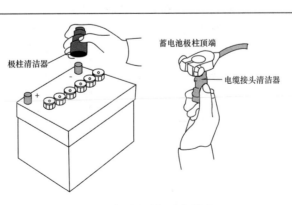

图 1-9　清洗极柱和电缆卡子

（2）汽车每行驶 1000km 或夏季行驶 5～6 天、冬季行驶 10～15 天，应用密度计或高率放电计检查一次蓄电池的放电程度，当冬季放电超过 _____，夏季放电超过 _____时，应及时将蓄电池从车上拆下，进行补充充电。

（3）冬季蓄电池应经常保持在充足电的状态，以防 _____，引起外壳破裂、_____ 等故障。

（五）蓄电池的检修

对于技术状态良好的蓄电池，当以启动电流或规定的放电电流连续放电 15s 时，端电压应不低于 _____。

（1）蓄电池检测仪。

① 依据表 1-1 进行电流的选择。

表 1-1　选择蓄电池检测仪的电流

蓄电池容量/Ah	放电电流/A	放电时间/s	端电压/V
>100	200～300	15	10.2
50	100～170	15	9.6
30	70～120	15	9.0

② 操作步骤。

A. _____。

B. 将_____。

C. 将电压检测线上的正（红）、负（黑）夹夹到蓄电池的正、负极柱上。

D. 顺时针转动电流调节旋钮至 _____。

E. 观察电压表指针位置，根据表 1-2 判断蓄电池技术状态。

表 1-2　电压表指针位置与蓄电池技术状态的对应关系

指针位置	蓄电池技术状态
蓝色区域	端电压高于 9.6V，状态良好
红色区域	端电压低于 9.6V，存电不足
不稳定或电流急剧减小至 0	蓄电池故障

F. 逆时针转动电流调节旋钮，停止放电。

（2）高率放电计。

将两放电针压在蓄电池的正、负极柱上，保持 5s，若电压稳定，则根据表 1-3 判断放

电程度。一般，对于技术状态良好的蓄电池，在用高率放电计测量时，_____

_____

_____。

表 1-3　蓄电池电压与放电程度对照表

蓄电池开路电压/V	≥12.6	12.4	12.2	12.0	≤11.7
高率放电计检测蓄电池电压/V	11.6～10.6	9.6～10.6		≤9.6	
高率放电计（100A）检测单格电池电压/V	1.7～1.8	1.6～1.7	1.5～1.6	1.4～1.5	1.3～1.4

若电压能保持为 10.5～11.6V 或以上，则存电量充足，蓄电池无故障。

若电压能保持为 9.6～10.5V，则存电量不足，蓄电池无故障。

若电压降到 9.6V 以下，则存电量严重不足或蓄电池有故障。

（六）蓄电池的储存

蓄电池的储存方法有湿储存和干储存两种，应根据蓄电池储存的时间长短进行选择。

1．湿储存法

对于暂时不使用（1～6 个月）的蓄电池，可选用_____。具体方法是：将蓄电池充足电，_____，封闭加液孔盖上的通气小孔，置于阴凉通风的室内。在储存期间，应_____

_____。当容量已降低 25% 时，应立即进行_____。交付使用前也应先_____。

2．干储存法

对于停用时间较长（6 个月以上）的_____，最好选用_____储存，即将蓄电池以 20h 放电率_____，倒出_____，用_____反复冲洗至无酸性，倒尽水分，晾干后旋紧_____并将_____后储存。在重新启用时，以_____对待。

3．新蓄电池的储存

未启用的新蓄电池的储存方法与储存时间以_____为准。当_____、_____等情况均符合厂方要求时，一般蓄电池的保管期限为_____年（自出厂之日算起），而干式荷电蓄电池则只能储存_____年。

4．蓄电池的保管应符合的条件

（1）应储存在室温为 5～40℃ 的_____、_____及_____的室内。

（2）应不受_____直射，与热源的距离不小于_____。

（3）避免与 _____ 和 _____ 接触。

（4）不得 _____ 、 _____ ，间距应在 _____ 以上；严禁机械 _____ 与 _____ 。

（七）蓄电池的充电方法

蓄电池的充电方法有 _____ 法、 _____ 法和 _____ 法。充电时，必须根据蓄电池的 _____ 及所使用的充电设备等正确地选择适宜的方法，这样不仅能提高工作效率，还可以延长 _____ 和 _____ 的使用寿命。

1．定流充电法

在充电过程中，充电电流 I_c 保持 _____ 的充电方法称为 _____ 充电法。定流充电法接线图如图 1-10 所示。由于充电电流 $I_c=(U_c-E)/R$，所以随着蓄电池的 _____ E 的升高，要保持充电 _____ 恒定，必须逐步提高充电 _____ 。当每单格电池的端电压升高到 _____ 时，开始冒出气泡，应将充电 _____ ，直到蓄电池完全 _____ 。

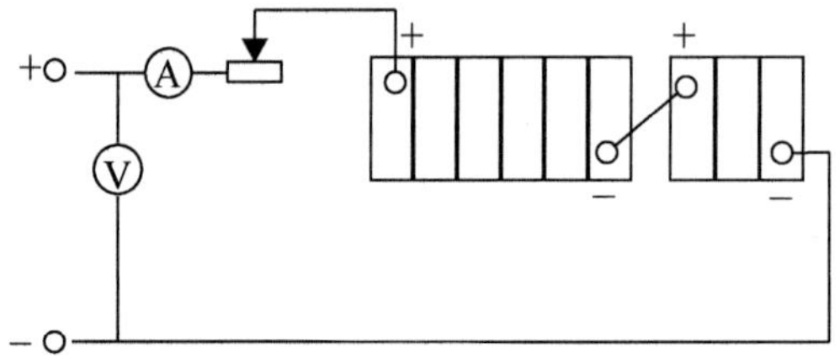

图 1-10　定流充电法接线图

当采用定流充电法时，被充电的蓄电池不论是 _____ 还是 _____ ，都可串联在一起。充足电时，每个 _____ 需要 2.7V，故串联的单格电池总数不应超过 $n=U_e/2.7$（U_e 为充电机的额定电压），此时 _____ 的 6V 蓄电池的数目为 $U_e/(2.7×3)$，串联 12V 蓄电池的数目为 $U_e/(2.7×6)$。充电时，串联的蓄电池 _____ 最好相同，否则充电 _____ 必须先按照容量最小的蓄电池来选定。当小容量的蓄电池充足摘除后，为 _____ 的蓄电池充足电。

定流充电法有较好的适应性，可以 _____ 和调整 _____ ，因此，可对 _____ 状况的蓄电池充电，如新蓄电池的 _____ 、 _____ ，以及 _____ 等均可采用这种方法。高电压小电流型的充电机较适宜选定 _____ 充电法。

定流充电法的主要缺点是 _____ 。

2．定压充电法

在充电过程中，加在蓄电池两端的充电电压 U_c 始终保持 _____ 的充电方法称为定压充电法。定压充电法接线图如图 1-11 所示。

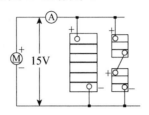

图 1-11　定压充电法接线图

由于 $I_c=(U_c-E)/R$，因此，在定压充电开始时，充电电流很大，此后随 _____。这样，在充电过程中，无须专人照管，不需要调节。另外，_____，充电后 4～5h 内，蓄电池就可以获得本身容量的 90%～95%，可大大缩短充电时间。定压充电法较适合蓄电池在汽车、拖拉机上的充电。一些汽车维修厂家也采用定压充电法对蓄电池进行补充充电，以缩短充电时间。由于定压充电法_____
_____。

3．脉冲快速充电法

所谓脉冲快速充电法，就是指 _____。也就是说，当蓄电池单格电压升到 2.4V 且开始冒气泡时，在控制电路的作用下开始进行脉冲充电，即 _____，接着 _____。

（八）充电种类

1．初充电

初充电是指 _____。初充电对蓄电池的性能和寿命影响很大，必须认真进行。初充电的特点是 _____。

新蓄电池初充电后，若达不到额定容量，则应进行 _____，即首先用 _____，然后用补充充电电流[I_c=0.1C20A（3.6A）]充足电，进行一次充放电循环，测定其容量。若容量仍低于 _____，则应再 _____。新蓄电池 _____

2．补充充电

补充充电是 _____。

由于蓄电池在汽车上使用时常有 _____ 现象（尤其在市区从事短途运输的车辆），应根据需要 _____ 充电。一般汽车用蓄电池应 _____ 从车上拆下，进行一次补充充电。

此外，蓄电池放置时间 _____；当电解液 _____。

补充充电仍采用定流充电法，分两阶段进行：先以 _____ 的电流充电，待单格电池 _____ 以上，蓄电池中有气泡冒出时，改用 _____ 的电流充电，直至充足。

补充充电的主要特点是 _____。

3．间歇过充电

间歇过充电是为 _____，故又称为防硫化充电。汽车用蓄电池应 _____。

4．循环锻炼充电

循环锻炼充电是为了防止 _____。蓄电池在使用中常处于 _____，参加电化学反应的 _____，为迫使使用中相当于额定容量的活性物质都能参加工作，避免 _____，一般每隔 _____。

具体方法是：先 _____，再 _____ 用，其容量降低值不得 _____，否则，应 _____，直至容量达到 90%C20 以上，方可使用。

5．去硫化充电

去硫化充电是消除蓄电池极板轻度硫化的一种排故性充电方法，步骤如下。

（1）将蓄电池按 20h 放电率放电到单格电池电压降到 1.75V 为止。

（2）倒出电解液，用 _____，然后 _____，用 $I_c=0.03C_{20}$A 的电流充电，并随时测量电解液的密度。当电解液密度 _____，将 _____。

（3）_____。

（4）用 _____，若放电测得的容量达到 _____，则表明硫化已基本消除，可装车使用；如果容量达不到 80%，则说明极板硫化严重，应进行修理或报废。

（九）充电作业注意事项

（1）严格遵守各种充电方法的操作规范。

（2）在充电过程中，要及时 _____。如果发现 _____，甚至变化不明显，则应停止充电，查明原因，消除故障。

（3）整个充电过程必须随时 _____，以免温度过高影响蓄电池的性能,若超过 35℃,则应将 _____;若超过 40℃,则_____，待温度降到 35℃以下时再充电，再冲电时，若_____，则应停止充电并采取人工冷却法降温。

（4）初充电工作应 _____。

（5）在配置和灌注电解液时，必须严格遵守安全操作规范和器皿使用规则。

（6）在室内充电时，应 _____，以免发生事故。

（7）充电室要安装 _____，在充电过程中，通风设备应 _____，以排出有害气体，防止爆炸危险及损害操作人员身体健康。

（8）充电室要严禁烟火。

（9）充电设备与充电电池不应放置在同一房间，充电时，应 _____，然后 _____；停止充电时，应 _____，然后 _____。导线连接务必可靠，严防产生电火花。

（10）充电间应经常备有 _____。

选择题

1. 下列有关蓄电池电解液的表述，正确的是（   ）。

   A．只要电解液比重正常，即使蓄电池电解液液位较低也没关系

   B．如果蓄电池电解液液位较低，就用自来水将单格填充至高位线

   C．蓄电池电解液包含可严重烧伤皮肤或腐蚀其他物品的硫酸

   D．蓄电池电解液包含可严重烧伤皮肤或腐蚀其他物品的硝酸

2. 电容器在实际电路中常用于（   ）。

   A．改变电流方向   B．改变磁场方向   C．储存和释放电荷   D．提高电压

3. 一般情况下，光电晶体管型光电耦合器的输出端的两只引脚的正、反向电阻应该是（   ）。

   A．几千欧姆   B．∞欧姆   C．几百欧姆   D．0 欧姆

4. 下列关于熔断器和熔断丝的叙述中，正确的一项是（　　　）。

    A．熔断器容许流过的额定电流大于熔断丝

    B．熔断器安装在电源和有大电流流过的电气设备之间的线路中

    C．不同的颜色表示熔断器和熔断丝不同的容量

    D．熔断器和熔断丝的容量和颜色没有关系

5. 电压和电流方向都不随时间变化叫作（　　　）。

    A．直流（DC 信号）   B．交流（AC 信号）

    C．频率调节信号   D．放大器信号

判断题

1. 通路就是电源和负载构成了闭合回路，开关闭合时的工作状态即通路状态。（　　）

2. 短路就是电源经负载而直接由导体接通构成闭合回路。（　　）

3. 当汽车电气系统采用单线制时，必须统一电源负极搭铁。（　　）

4. 免维护铅蓄电池也需要进行加注蒸馏水和检测电解液密度等维护作业。（　　）

5. 蓄电池是一种可逆的低压直流电源，能将化学能和电能相互转化。（　　）

6. 电解液密度的大小是判断蓄电池容量的重要标志。（　　）

7. 汽车上装有两个蓄电池，全车用电设备均与直流电源并联连接。（　　）

8. 通过对各个单格电池电解液密度进行测量，可以确定蓄电池是否失效。（　　）

9. 定压充电法不能调整充电电流的大小，因此不能用于蓄电池的初充电。（　　）

10. 停止充电时，应先拆除充好的蓄电池，然后切断电源开关。（　　）

任务实施

蓄电池的拆装

1. 补全蓄电池的拆卸步骤

（1）将点火开关置于 _____。

（2）拆下蓄电池 _____。

（3）拧松蓄电池正、负极柱上的电缆接头固紧螺栓，先取下 _____，

然后取下 _____。

（4）从汽车上取下蓄电池。在取下蓄电池时，应小心轻放，尽量用蓄电池提把提取。

（5）检查蓄电池壳体上有无 _____，当发现有裂纹和渗漏时，应更换蓄电池。

2．蓄电池的安装步骤

（1）检查蓄电池 _____ 是否适合该型汽车使用。

（2）检查电解液的 _____ 是否符合技术要求，否则应予以调整。

（3）按照蓄电池 _____，将蓄电池安放到固定架上。

（4）用细砂纸或专用清洁器清洁蓄电池的极柱及电缆卡子；在螺栓、螺母的螺纹上涂凡士林或润滑脂，以防氧化生锈。

（5）在正、负极柱及电缆卡子上涂抹 _____，以防极柱和电缆卡子氧化腐蚀。

（6）安装固定夹板，拧紧夹板固定螺栓。

3．注意事项

（1）在发动机运转情况下，严禁拆卸蓄电池。

（2）在拆卸蓄电池时，应使用专用的工具，尽量不要用手直接触摸有酸液的部位。

（3）在拆极柱时，先拆 _____；在接线时，先 _____。

三、蓄电池充电

（1）在连接蓄电池电缆时，要注意极性，_____ 不能接反。

（2）在拆蓄电池电缆时，要先拆 _____。

（3）在接蓄电池电缆时，要后接 _____。

（4）严禁在蓄电池附近进行电焊或气焊作业（蓄电池充、放电过程中会放出易燃易爆的氢气）。

（5）严禁在蓄电池附近吸烟。

（6）蓄电池充电场所要有 _____

_____

_____

_____。

（7）在维护蓄电池时，不要戴首饰或手表，这些东西都是良导电体，＿＿＿＿＿＿＿＿

＿＿＿

＿＿＿

＿＿＿

＿＿。

（8）千万不可在蓄电池上方传递工具，如果碰巧跌落在两极柱上，则可造成蓄电池短路，从而引起爆炸。

故障诊断与排除

刘先生准备开闲置半年的别克昂科威去旅游，在按下启动开关后，仪表盘的灯变得比较暗淡，起动机不工作，车辆无法启动。请根据所学知识分析故障发生的原因并制定解决方案，根据方案排除故障。

 问诊

根据客户陈述检查各故障点并按要求填写车辆检查问诊单（见表1-4）。

表 1-4 车辆检查问诊单

客户姓名		车牌		
客户电话		车型		
维修顾问		车架号		
预计交车时间		行驶里程数	燃油表显示	
外观确认：		仪表故障信息：		
		其他：		

续表

客户陈述故障			
报检项目			
建议维修项目			
客户签字		服务顾问签字	

二、制定维修方案

教师将学生分成若干小组，每组 5 人左右，每组选出一个组长，组长负责对组员进行任务分配，组员按照组长的要求完成相应的任务，并将所完成的任务内容填入个人任务工作表（见表 1-5）中。

表 1-5　个人任务工作表

序号	任务	个人任务	完成情况	教师或组长检验结果
1	刘先生准备开闲置半年的别克昂科威去旅游，在按下启动开关后，仪表盘的灯变得比较暗淡，起动机不工作，车辆无法启动。请根据所学知识排除相关故障			
2				
3				
4				

三、填写维修卡

根据检查结果制定维修方案并按要求填写维修卡（见表 1-6）。

表 1-6　维修卡

服务专员		日期		制单人员	
工单号		进厂日期		发动机号	
车主		车主电话		车架号（VIN）	
地址					
车牌号		车型			

续表

检查结果		
维修方案	1.拆装	
	2.维修	
	3.更换	
维修人员签字		组长签字		指导教师签字	

四、填写维修工单

根据维修方案排除故障并按要求填写维修工单（见表1-7）。

表1-7 维修工单

服务专员		日期		制单人员	
工单号		进厂日期		发动机号	
车主		车主电话		车架号（VIN）	
地址					
车牌号		预定交车时间		质检	
车型		路试		洗车	
维修类别		进厂里程		保修结束里程	
维修项目	维修内容		工时	单价	金额
1.拆装					
2.修复					
3.喷漆					
4.更换					
5.机修					
6.四轮定位					
客户签字		维修技师签字		洗车技师签字	
		终检签字		维修经理签字	

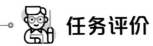

任务评价

教师及学生对本任务学习进行评价，并填写任务评价表（见表 1-8）。

表 1-8　任务评价表

评价内容及评分标准		自我评价（打分）	小组相互评价（打分）	教师评价（打分）
信息收集（15 分）	理解任务或问题的程度（5 分）			
	收集信息的完整性（5 分）			
	对信息（知识）的领会程度（5 分）			
制订计划（20 分）	计划制订的参与程度（10 分）			
	计划的合理性及实用性（10 分）			
修改计划（15 分）	与教师讨论计划（5 分）			
	与教师讨论后，是否知道如何改进计划（5 分）			
	计划修改后的完整性（5 分）			
实施（20 分）	是否按计划进行工作（5 分）			
	是否亲自实施计划（5 分）			
	是否记录工作过程及结果（10 分）			
检查（15 分）	是否按计划的要求完成任务（5 分）			
	是否达到预期目标（5 分）			
	整个工作流程是否与标准流程符合（5 分）			
评价（15 分）	是否按计划完成了任务或解决了问题（5 分）			
	在哪个环节上可以改进（2 分）			
	学习团队的合作情况（3 分）			
	现场 7S 及劳动纪律（5 分）			
总分（100 分）				
总评				

> 任务
> 2

发电机的构造与检修

姓名：_____　　班级：_____　　日期：_____

复习与思考

基础知识填空

一、硅整流发电机的构造

1. 发电机

发电机是汽车的主要电源，其功用是_____。

汽车用发电机可分为_____，由于交流发电机在许多方面优于直流发电机，故后者已被淘汰。

2. 标注图 1-12 中各零部件的名称

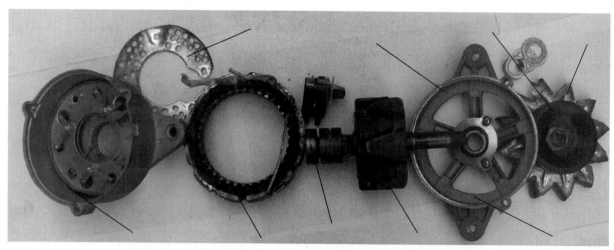

图 1-12　发电机的各零部件

汽车用交流发电机由 _____ 组成，因此也叫硅整流发电机。

3. 转子

转子的作用是 _____。转子结构中，励磁绕组的两根引出线分别 _____，_____。当两电刷与直流电源相接时，励磁绕组中便有 _____ 通过，产生 _____，使得一块爪极被 _____，另一块爪极被 _____，从而形成 _____ 的磁极。

4. 定子

定子的作用是 _____，由 _____ 组成。定子铁芯一般由 _____，定子绕组对称安放在 _____。三相定子绕组的连接方法有星形接法（简称 Y 形接法）和三角形接法（简称△形接法）两种，如图 1-13 所示。其中汽车用交流发电机采用星形接法较多。

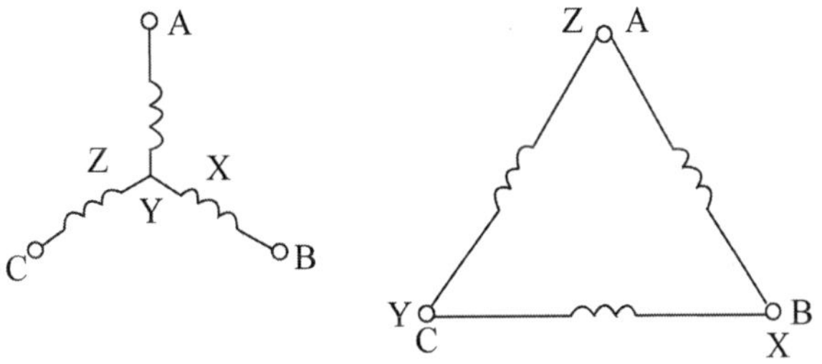

（a）星形接法　　（b）三角形接法

图 1-13　三相线组的连接方法

5. 整流器

整流器一般由 6 只硅二极管和散热板组成。交流发电机整流器的作用是将发电机定子绕组产生的三相交流电变换为直流电。

硅二极管一般压装在散热板或发电机后端盖上。其中，压装在发电机后端盖上的 3 只硅二极管引线为 _____，外壳为 _____，俗称"负极管子"或"反烧管"，管壳底部用黑字标记；压装在散热板（元件板）上的 3 只硅二极管的引线为正极，外壳为负极，发电机后端盖和散热板便组成了发电机整流器总成。散热板通常由 _____，以利于散热，与后端盖用尼龙或其他绝缘材料制成的垫片隔开，并用螺栓通至后端盖外部，作为发电机的输出接线柱，用 _____ 表示。

6. 端盖和电刷总成

交流发电机的前、后端盖均由 _____ 而成，这是因为铝合金为非导磁性材料，可减少 _____，并具有轻便、散热性能良好等优点。

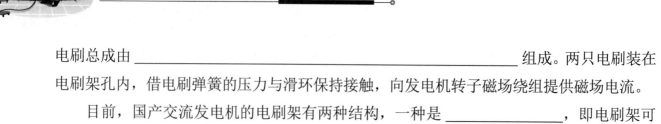

电刷总成由 _____ 组成。两只电刷装在电刷架孔内，借电刷弹簧的压力与滑环保持接触，向发电机转子磁场绕组提供磁场电流。

目前，国产交流发电机的电刷架有两种结构，一种是 _____，即电刷架可以直接从发电机外部拆装；另一种是 _____，即电刷架不可以直接从发电机外部拆装。

二、硅整流交流发电机的工作原理

交流发电机产生交流电的基本原理是电磁感应原理。三相交流发电机的工作原理如图 1-14 所示。交流发电机的转子为一 _____，当转子由发动机带轮带动旋转时，由于_____，所以在三相定子绕组中产生感应电动势。交流发电机定子绕组内的感应电动势的大小与每相绕组串联的匝数和转子的转速有关，匝数越多，_____。

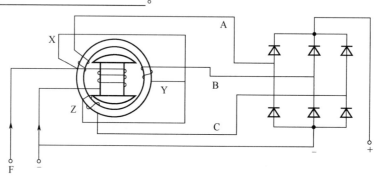

图 1-14　三相交流发电机的工作原理

1. 交流发电机的工作原理

点火开关闭合后，蓄电池给电压调节器提供触发电压。当发动机未工作或转速低时，电压调节器使 _____。当发电电压超过 _____ 时，灯灭；当发电电压超过 _____ 时，磁场绕组的回路断开，磁场消失，发电电压下降；当低于 13.8V 时，磁场绕组又有电流流过，发电电压上升。这样可以使发电电压总维持为 13.8～14.2V。

由于 3 个负极管子的负极也分别接在三相绕组的首端，它们的正极同时接在后端盖上，所以在某一瞬间，哪一相的电压最低，哪一相的负极管子就导通。

2. 汽车用交流发电机的分类

汽车用交流发电机按总体结构分为 _____、带泵交流发电机、无刷交流发电机和永磁交流发电机。目前，柴油汽车上普遍采用 _____

_____、带泵硅整流发电机，而汽油车上普遍采用_____。

（1）带泵硅整流发电机。

带泵硅整流发电机的发电机部分与普通硅整流发电机完全一样，只是转子轴很长，从后端盖中心伸出，利用伸出的发电机转子轴上的外花键与真空泵的转子内花键相连接，驱动真空泵与发电机转子同步旋转，为汽车制动系统的真空助力器或真空增压器提供真空源，主要用于没有真空源的柴油汽车。汽油机可直接从_____，制动时，因节气门几乎全关而在进气歧管中形成高真空；而柴油机无_____。

（2）永磁式无刷硅整流发电机。

永磁式无刷硅整流发电机与普通发电机不同的是转子部分_____，以永久磁场作为转子磁极产生旋转磁场。它不仅去掉了电刷和滑环，还不需要磁场绕组和爪极。

汽车永磁式无刷硅整流发电机主要由_____、前端盖、轴承和带轮组成。

转子常用的永磁材料有_____（稀土钴、钕铁硼）等。其中，_____为第四代超强永磁材料，其剩磁和矫顽力都非常高，且退磁曲线为直线，回复线与退磁曲线基本重合，原料丰富。当钕铁硼材料用于车用硅整流发电机时，转子磁极采用_____，用环氧树脂胶粘在导磁轭上，磁极之间呈鸽尾形，用胶填充。

永磁式无刷硅整流发电机的优点如下。

① 无蓄电池发电。因为其转子是永久性的磁体，无须励磁电流，所以只要其在发动机带动下转动即可发电，节约了能源，与相同体积的励磁式发电机相比，同等情况下可_____，并且当蓄电池在汽车行进中损坏时，汽车的供电系统仍可正常工作，即使无蓄电池，只要摇转发动机或溜车，也均可实现点火运行。

② 低速供电性能好，电压调整率小。低速供电时，在电磁参数相同的情况下，硅整流发电机"零电流"时，永磁发电机可以_____，大大改善了低速供电性能。

③ 结构简单，性能更加稳定。永磁发电机在转子结构上只有_____薄片式钕铁硼、磁钢，简化了加工工序。

④ 环境适应性强。该发电机_____，能在潮湿或灰尘多的恶劣条件下运行；无须外加励磁电源，发电机只要旋转就能发电，提高了可靠性；永磁发电机无碳刷、滑环结构，消除了_____；

_____

消除了电火花，适合在爆炸性危险程度较高的环境中工作。

⑤ 延长蓄电池的使用寿命。首先，永磁发电机具有＿＿＿＿＿＿＿＿＿＿＿＿＿＿，可使蓄电池经常处于充足电的状态，能有效防止蓄电池的极板硫化；其次，稳压精度高，不欠充电，也不会过充电，在充电过程中，始终保持＿＿＿＿＿＿＿＿＿＿＿＿＿＿，不会产生大量的气泡，这样既不损耗大量的电解液和污染蓄电池表面，又有效地避免了因剧烈出气而使活性物质脱落，从而延长了蓄电池的使用寿命。

⑥ 体积小、质量轻、＿＿＿＿＿＿＿＿＿＿＿＿＿＿＿＿、用途广；采用高磁能积、高剩磁感应强度及矫顽力、去磁曲线为直线的钕铁硼稀土永磁材料的转子结构，使得发电机内部结构设计排列得很紧凑。

⑦ 采用可控硅整流稳压技术。整流和控制系统采用＿＿＿＿＿＿＿＿＿＿＿＿＿＿，可控硅整流稳压电路的耗电量要比整流桥电路的耗电量低，减少发热，减小输出功率，而且该电路集稳压、整流于一体，大大降低了成本。

⑧ 提高发电效率，降低工作损耗。因其设计的改进，永磁发电机采用钕铁硼永磁体励磁，由于不需要电励磁绕组的电能消耗，所以仅此一项即可提高＿＿＿＿＿＿＿＿＿＿。

交流发电机使用时的注意事项。

① 经常清洁发电机外表的积垢和尘土，保持＿＿＿＿＿＿＿＿＿＿＿＿＿＿。

② 经常检查＿＿＿＿＿＿＿＿＿＿＿＿＿＿＿＿＿＿，及时紧固各部分的螺钉。

③ 传动皮带的张力要合适，过松，易打滑而造成发电不足；过紧，易损坏皮带和发电机轴承。

④ 在安装蓄电池时，千万不要装错，通常是先装＿＿＿＿＿＿＿＿＿＿＿＿＿＿，否则极易烧坏二极管。

⑤ 当采用集成电路调节器时，若发动机不运转，则应＿＿＿＿＿＿＿＿＿＿＿＿＿＿。

⑥ 绝不允许用＿＿＿＿＿＿＿＿＿＿＿＿＿＿＿。

⑦ 当发电机有故障而不发电时，要及时排除故障，否则会造成更严重的故障。

三、电压调节器与电源系统的电路

在汽车上，交流发电机是由发动机直接驱动旋转的，其转速高低取决于发动机的转速。在汽车行驶过程中，由于发动机转速随时都在发生变化，发电机转速也必然随之发生变化，所以发电机输出电压必然随转数的变化而变化。因此，在汽车上加装有电压调节器，当发电机转数发生变化时，自动调节发电机输出电压并使电压保持恒定，防止输出电压过高而损坏用电设备和避免蓄电池过量充电。

电压调节器分为 _____，随着汽车产品的电子化不断提高，触点式调节器有被淘汰的趋势。汽车交流发电机有内搭铁与外搭铁之分，因此，与之匹配使用的电压调节器也有内搭铁与外搭铁两种形式。

（一）电压调节器的作用

交流发电机必须配有电压调节器与之配合工作。这是因为交流发电机在结构一定及磁场强度不变的条件下，其输出电压 _____，而发电机由发动机带动，其转速是由 _____ 决定的。汽车在正常行驶时，发动机转速变化范围很大，这势必对发电机输出电压的大小有很大的影响，为使发电机电压在不同的转速下均能保持一定，且能随 _____，使电压值保持在某一特定范围内，就必须加装电压调节器。它的正常工作与保证整个汽车电气系统的正常工作和延长汽车电气设备的使用寿命的关系极大，其输出电压（或充电电压）对蓄电池的使用寿命也影响很大。

（二）电压调节器的工作原理

（1）当点火开关 SW 刚接通时，发动机不转，发电机不发电，蓄电池电压加在分压器 R_1、R_2 上，此时，因为 U_{R1} 较低，所以不能使稳压管 VS 反向击穿，VT_1 截止，使得 VT_2 导通，发电机 _____ 接通，此时由蓄电池供给磁场电流。随着发动机的启动，发电机转速升高，发电机他励发电，电压上升。磁场绕组电路为：_____

_____

_____。

（2）当发电机电压升高到蓄电池电压时，发电机自励发电并开始对外蓄电池充电。如果此时发电机输出电压 U_B 低于调节器调节上限 U_{B2}，则 VT_1 继续截止，VT_2 继续导通，但此时的磁场电流由发电机供给，发电机电压随转速升高而迅速升高。磁场绕组电路为：

_____

_____。

（3）当发电机电压升高到调节上限 U_{B2} 时，_____

_____

_____。

（4）当发电机电压下降到调节下限 U_{B1} 时，_____

_____

周而复始，发电机输出电压 U_B 被控制在一定范围内，这就是外搭铁型电压调节器的工作原理，其基本电路如图 1-15 所示。

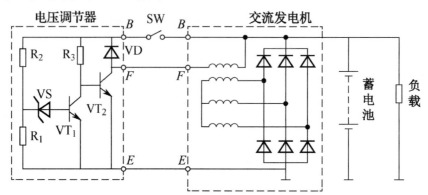

图 1-15　外搭铁型电压调节器的基本电路

内搭铁型电压调节器的基本电路的特点是晶体管 VT_1、VT_2 采用 ＿＿＿＿＿＿＿＿＿，发电机的励磁绕组连接在 ＿＿＿＿＿＿＿＿＿＿＿＿＿＿＿＿＿＿＿ 之间，与外搭铁型电压调节器的基本电路显著不同，如图 1-16 所示；但其电路工作原理和结构与外搭铁型电压调节器类似。

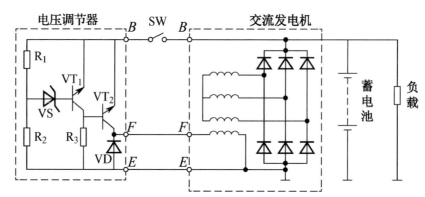

图 1-16　内搭铁型电压调节器的基本电路

（三）电压调节器的工作特性

电压调节器通过 ＿＿＿＿＿＿＿＿＿＿＿＿＿＿＿＿＿＿＿＿，随着转速的升高，大功率晶体管 VT_2 的导通时间缩短，截止时间延长，这样可使得磁场电流平均值减小，磁通减小，保持 ＿＿＿＿＿＿＿＿＿。发电机的输出电压 U_B、磁场电流 I_f（平均值）随转速 n 的变化关系称为电压调节器的工作特性。

从电压调节器的工作特性曲线（参照主教材）可以看出，n_1 为电压调节器开始工作的转速，称为工作下限，随着发电机转速的升高，磁场电流减小。当发电机转速很高时，由于大功率晶体管可不导通，磁场电流被切断，发电机仅靠剩磁发电，所以电压调节器的工作转速上限很高，调节范围很大。

判断题

1. 由于稳压二极管工作在反向击穿状态，所以当把它接到电路中时，应该反向连接。（　　）

2. 交流发电机是利用硅二极管的单相导电特性把交流电转换为直流电的。（　　）

3. 交流发电机的前、后端盖均由铝合金压铸或用砂模铸造而成，这是因为铝合金为非导磁性材料。（　　）

4. 一般来说，汽车充电指示灯亮，表明蓄电池处于充电状态，硅整流发电机处于自励发电状态。（　　）

5. 定子绕组的连接方式有星形连接和三角形连接两种，交流发电机常采用三角形连接方式。（　　）

6. 交流发电机的定子绕组通常为星形接法，整流器为三相桥式整流电路。（　　）

7. 通过检查发电机的励磁电路和发电机本身，查不出不发电故障的具体部位。（　　）

8. 充电指示灯亮就表示启动蓄电池处于放电状态。（　　）

9. 发电机是汽车的唯一电源，功用是向蓄电池充电。（　　）

10. 汽车用交流发电机由一台三相同步交流发电机和一套硅整流器组成。（　　）

选择题

1. 交流发电机转子的作用是（　　）。
   A. 变直流为交流
   B. 发出三相交流电动势
   C. 变交流为直流
   D. 产生磁场
2. 发电机电压调节器是通过调整（　　）来调整发电机电压的。
   A. 转速
   B.输出电压
   C. 输出电流
   D. 励磁电流
3. 硅整流发电机中性点的电压为直流输出电压的（　　）。
   A. 1/2
   B. 1/3
   C. 1/4
   D. 1/6

4．交流发电机中防止蓄电池的反向电流的零部件为（　　　）。

    A．整流器　　　　　　B．逆流截断器　　　C．电刷　　　　　　　D．电压调节器

5．如果蓄电池的正、负电缆接反，则发电系统的（　　　）将会损坏。

    A．整流器　　　　　　B．转子绕组　　　　C．电压调节器　　　　D．定子绕组

6．硅整流发电机的电刷高度不得小于（　　　）。

    A．4mm　　　　　　　B．7mm　　　　　　C．9mm　　　　　　　D．12mm

 任务实施

一　发电机的拆装与检测

1．补全交流发电机的拆卸步骤

（1）对发电机外部进行清洁，并在 _____。

（2）拧下转子轴前端的固定螺母（见图 1-17），拆_____。

图 1-17　拧下转子轴前端的固定螺母

（3）拧下前端盖的固定螺母的 3 个固定螺栓，如图 1-18 所示；_____，
如图 1-19 所示。

图 1-18　拧下前端盖的固定螺母的 3 个固定螺栓　　　图 1-19　使用拉马拉出_____

（4）将转子总成取出（要小心，不能强_____，以免损坏电刷），

如图 1-20 所示。

（5）拧下端盖散热板的固定螺栓，将散热板拆下，如图 1-21 所示。

图 1-20　取出转子总成　　　图 1-21　拧下端盖散热板的固定螺栓

（6）将定子总成与 _____ 一起取出，如图 1-22 所示。

（7）拆下整流器与定子线圈的连接线，如图 1-23 所示。

图 1-22　取出定子总成、_____、_____　　图 1-23　拆整流器及连接线

（8）将拆下的零部件 _____，如图 1-24 所示。

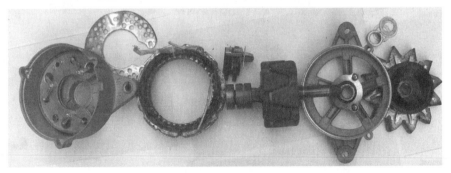

图 1-24　零件放置图

2. 发电机的检查

（1）用 _____（数字万用表）测量硅整流器的二极管通断情况，如图 1-25 所示。

① 用万用表二极管挡位测量整流板上面的正二极管：红表笔接触二极管接线柱，黑表笔接触整流 _____，如图 1-26 所示。

图 1-25　测量二极管通断情况　　　图 1-26　测量二极管导通情况

② 用万用表二极管挡位测量整流板里面的负二极管：_____

_____。

（2）转子总成的检查。

① 用万用表最小电阻挡检查转子线圈。

A．将两个表笔接触两个滑环，若测量电阻值为 3～5Ω，则说明转子线圈正常；如果显示"1"，则表示转子线圈有断路现象；如果数值小于规定值，则表示 _____，如图 1-27 所示。

B．使用二极管挡位测量转子线圈是否搭铁。

把一表笔接在滑环上，另一表笔接触搭铁（见图 1-28），如果导通，则表示转子线圈有搭铁现象；如果没有导通（显示"1"），则表示 _____。

图 1-27　测量电阻　　　　　　图 1-28　测量搭铁

② 转子轴、滑环、轴承的检修。

A．转子轴的弯曲会造成转子与定子之间的间隙过小而产生摩擦或碰撞（脱底现象），如果发现发电机运转阻力过大或有异响，则 _____。

检查方法：目测是否有刮痕（见图 1-29），装好后转动转子轴。

B．滑环表面应光滑，无烧蚀，滑环厚度应大于 _____，如

图 1-30 所示。

图 1-29 目测检查

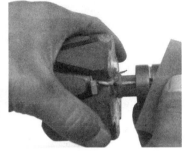

图 1-30 打磨表面

C．轴承的检修。检查轴承转动灵活无 _____，如图 1-31 所示。

（3）定子线圈的检查。

① 用万用表最小电阻挡检查定子线圈电阻，如图 1-32 所示。

图 1-31 转动轴承

图 1-32 测量定子线圈电阻

A．测量定子线圈的阻值 _____：若相等且在 0.5Ω 左右，则说明定子线圈是正常的。

B．若所测电阻值小于规定值，则说明定子线圈有短路。如果 _____。

② 使用二极管挡位测量定子线圈是否搭铁。

A．将一表笔接触定子线圈的一线头，另一表笔接触搭铁，如果导通，则表示定子线圈有搭铁；如果没有导通，则表示 _____。

B．检查定子总成内圈有无脱底现象，如图 1-33 所示。

（4）检查碳刷：碳刷磨损不要超限、弹簧弹力足够（在弹簧弹力的作用下，碳刷能压紧在滑环上即可）。碳刷和滑环的接触面积不能 _____，如图 1-34 所示。

图 1-33　检查定子总成内圈有无脱底现象　　　图 1-34 检查碳刷

（5）目测检查壳体：应无裂纹、无损坏，如图 1-35 所示。

图 1-35　检查壳体

3．发电机的安装

按照与拆卸相反的步骤安装发电机。在安装过程中，应注意以下事项。

（1）绝缘垫的安装和定子引线的绝缘。

（2）轴承内应加入 _____。

（3）前端盖和后端盖合体前，应用直径为 1mm 的钢丝从后端盖的通孔插入，使电刷缩入电刷架内，以免损坏电刷，装好后拔出 _____（见图 1-36）。

图 1-36　拔出_____

（4）安装好发电机后，转子转动平稳灵活，无明显的 _____。

二、电源系统电路

（一）点火开关

点火开关的挡位一般是＿＿＿＿＿＿＿＿＿＿＿＿＿＿＿＿＿＿＿＿＿＿＿＿＿＿（高档车略有不同），如图 1-37 所示。各个挡位的功能如下。

LOCK：发动机停止且方向盘被锁定，只有该位置才能＿＿＿＿＿＿＿＿＿＿＿＿＿＿＿＿＿。

ACC：通过点火开关控制，当点火钥匙旋到该挡时，受该挡控制的用电设备均能操作，此挡位一般实现的用电设备功能有电调座椅、音响系统、雨刷喷水系统、点烟器、座椅加热、电动天窗等。

ON：内部分为 IG1 和 IG2 两个挡位，正常的驾驶位置除起动机外，其他受点火开关控制的设备均处于工作状态。其中，＿＿＿＿＿＿＿＿＿＿的用电设备功能有后视镜调节、组合仪表、安全气囊、定速巡航系统、倒车成像、大灯及各控制系统（ECU、ABS、TCS、BCM、轮胎压力、电动转向等）的控制电源；＿＿＿＿＿＿＿＿＿＿的用电设备功能有电加热除霜、空调鼓风机等。

START：启动发动机，释放后＿＿＿＿＿＿＿＿＿＿＿＿＿＿＿＿＿＿＿＿＿，在此位置时，ACC挡和 IGN2 挡的负载断电，以保证有足够的电量用以启动发动机。

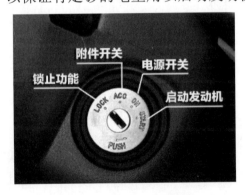

图 1-37　点火开关位置

1. 点火开关的正确使用方法

将点火钥匙插进点火开关后，首先在每个挡位做瞬间停留，大约＿＿＿＿＿＿s，这时能听见电气设备通电的声音，然后进入下一个挡位就可以了。有的汽车可以直接进入 NO 位置，待电气设备各方面全面启动后，大约需要＿＿＿＿＿＿s，扭转点火钥匙到 START 位置直接打火。

2. 补全点火开并电路图（见图1-38）

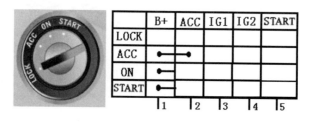

图1-38　点火开关电路图

（二）正确连接如图1-39所示的电源电路（以科鲁兹车型为例）

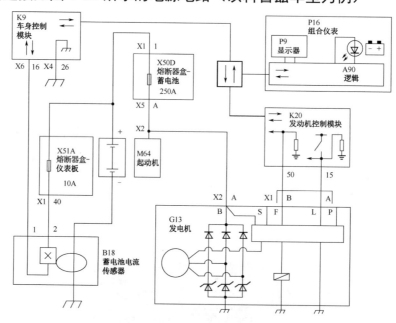

图1-39　电源电路

电源电路的工作过程如下。

蓄电池通过熔断器给车身控制模块、发动机控制模块、组合仪表电源供电，使车身控制模块、发动机控制模块工作，打开点火开关至 ON 挡，蓄电池电流经 10A 熔断器盒的 X1 接头的 40 号引脚，经_____2 号引脚进入蓄电池电流传感器，通过蓄电池电流传感器检测蓄电池电流，当蓄电池有电流形成回路时，蓄电池电流传感器 1 号引脚给车身控制模块一个使用蓄电池供电的信号，车身控制模块与组合仪表通过中央数据线进行信息共享，组合仪表将仪表内的蓄电池仪表灯点亮。

车身控制模块与发动机控制模块通过_____点火开关ON挡电压信号，发动机控制模块通过 15 号引脚给发电机 X1 接头的 A 号引脚提供一个电压，进入发动机电压调节器，电压调节器给转子线圈通电，经过搭铁，电流形成回路，转子线圈产生磁场。

发动机工作时，通过带轮带动发电机转子，产生相对交错变化的磁场，定子线圈由于磁场变化而产生交流电，通过整流器转变为直流电。发动机发出的电压可为电压调节器供电，电压调节器检测发电机电压，通过调整转子线圈电流来保证发动机发出的电压在_____之间。通过发动机 X2 接头的 A 号引脚，经 250A 熔断器给车上用电设备供电，多余的给_____。发电机 X1 接头的 B 号引脚给发动机控制模块的 50 号引脚一个发电信号。发动机控制模块与组合仪表通过中央数据线进行信息共享，组合仪表将仪表内的蓄电池仪表灯熄灭，表示发电机已工作发电。

 故障诊断与排除

刘先生开车去上班，在开了近 1h 后发现仪表盘有一指示灯点亮，打电话问 4S 店维修技师后才搞清楚，这个指示灯点亮表示蓄电池不充电状态常亮。请根据所学知识分析故障发生的原因并制定解决方案，根据方案排除故障。

 问诊

根据客户陈述检查各故障点并按要求填写车辆检查问诊单（见表 1-9）。

表 1-9　车辆检查问诊单

客户姓名		车牌		
客户电话		车型		
维修顾问		车架号		
预计交车时间		行驶里程数		燃油表显示
外观确认：		仪表故障信息： 其他：		

汽车电气设备构造与维修 一体化工作页

续表

客户陈述故障			
报检项目			
建议维修项目			
客户签字		服务顾问签字	

二、制定维修方案

教师将学生分成若干小组，每组 5 人左右，每组选出一个组长，组长负责对组员进行任务分配，组员按照组长的要求完成相应的任务，并将所完成的任务内容填入个人任务工作表（见表 1-10）中。

表 1-10　个人任务工作表

序号	任务	个人任务	完成情况	教师或组长检验结果
1	刘先生开车去上班，在开了近1h 后发现仪表盘有一指示灯点亮，打电话问 4S 店维修技师后才搞清楚，这个指示灯点亮表示蓄电池不充电状态常亮。请根据所学知识排除相关故障			
2				
3				
4				

三、填写维修卡

根据检查结果制定维修方案并按要求填写维修卡（见表 1-11）。

表 1-11　维修卡

服务专员		日期		制单人员	
工单号		进厂日期		发动机号	
车主		车主电话		车架号（VIN）	
地址					

续表

车牌号		车型			
检查结果					
维修方案	1.拆装				
	2.维修				
	3.更换				
维修人员签字		组长签字		指导教师签字	

四、填写维修工单

根据维修方案排除故障并按要求填写维修工单（见表 1-12）。

表 1-12　维修工单

服务专员		日期		制单人员	
工单号		进厂日期		发动机号	
车主		车主电话		车架号（VIN）	
地址					
车牌号		预定交车时间		质检	
车型		路试		洗车	
维修类别		进厂里程		保修结束里程	
维修项目	维修内容		工时	单价	金额
1.拆装					
2.修复					
3.喷漆					
4.更换					
5.机修					
6.四轮定位					
客户签字		维修技师签字		洗车技师签字	
		终检签字		维修经理签字	

 任务评价

教师及学生对本任务学习进行评价,并填写任务评价表(见表1-13)。

表1-13 任务评价表

评价内容及评分标准		自我评价(打分)	小组相互评价(打分)	教师评价(打分)
信息收集(15分)	理解任务或问题的程度(5分)			
	收集信息的完整性(5分)			
	对信息(知识)的领会程度(5分)			
制订计划(20分)	计划制订的参与程度(10分)			
	计划的合理性及实用性(10分)			
修改计划(15分)	与教师讨论计划(5分)			
	与教师讨论后,是否知道如何改进计划(5分)			
	计划修改后的完整性(5分)			
实施(20分)	是否按计划进行工作(5分)			
	是否亲自实施计划(5分)			
	是否记录工作过程及结果(10分)			
检查(15分)	是否按计划的要求完成任务(5分)			
	是否达到预期目标(5分)			
	整个工作流程是否与标准流程符合(5分)			
评价(15分)	是否按计划完成了任务或解决了问题(5分)			
	在哪个环节上可以改进(2分)			
	学习团队的合作情况(3分)			
	现场7S及劳动纪律(5分)			
总分(100分)				
总评				

 技能考核

发动机的拆装考核(时间:30分钟)

一体化项目(任务)考核评分表如表1-14所示。

表 1-14　一体化项目（任务）考核评分表

序号	考核内容	配分	评分标准	考核记录	扣分	得分
一	考前准备	2	备齐所需的工、量具及设备			
二	发电机的拆卸	3	1. 清洁表面，做拆装标记			
		2	2. 拆卸转子轴螺母、带轮			
		2	3. 拆下风扇			
		2	4. 拆下前端盖的固定螺母			
		2	5. 拆卸前端盖			
		2	6. 取出转子总成			
		3	7. 拆下端盖散热板的固定螺栓及散热板			
		5	8. 取出定子总成与整流器、电刷架总成			
		2	9. 拆下整流器与定子线圈			
		2	10. 将拆下的零部件按序摆放好			
三	发电机的安装	2	1. 清洁各个零部件			
		3	2. 将整流器和散热板装入后端盖，紧固螺栓			
		5	3. 安装电刷架总成			
		8	4. 安装定子总成，连接导线			
		4	5. 安装转子总成			
		3	6. 安装前端盖并紧固螺栓			
		5	7. 安装风扇、带轮			
		5	8. 拧紧皮带螺母			
四	基础理论知识	5	回答正确、书写工整、按时全部完成			
五	职业素养	5	1. 课堂纪律			
		5	2. 文明操作及职业素养			
		3	3. 7S 管理			
六	时间要求	20	每超 1min 扣 1 分，超过 10min 者不予及格			
合计	—	100	—			

项目二

汽车启动系统

汽车启动系统的构造与检修

姓名：＿＿＿＿＿＿　　班级：＿＿＿＿＿＿　　日期：＿＿＿＿＿＿

复习与思考

 基础知识填空

 起动机的类型及作用

图 2-1 是起动机的构造图，请标出图中标注的零件名称。

图 2-1　起动机的构造图

按控制装置分类，起动机可分为以下几种。

（1）直接操纵式起动机。

直接操纵式起动机是由＿＿＿＿＿＿＿＿＿＿＿＿＿＿＿＿＿＿＿＿＿直接控制

起动机的主电路开关来接通或切断主电路的，也称机械式起动机。它虽然结构简单、工作可靠，但由于要求起动机、蓄电池靠近驾驶室，所以受安装布局的限制，而且操作不便，现已很少采用。

（2）电磁操纵式起动机。

电磁操纵式起动机是由按钮或点火开关控制继电器，并由继电器控制起动机的主开关来接通或切断主电路的，也称电磁控制式起动机。它可实现远距离控制，工作方便，在现代汽车上广泛采用。

按传动机构的啮合方式分类，起动机可分为＿＿＿＿＿＿＿＿＿＿＿＿＿＿＿＿

＿＿＿＿＿＿＿＿＿＿＿＿＿＿＿＿＿＿＿＿＿＿＿＿＿＿＿＿＿＿＿＿＿。

（1）强制啮合式起动机：＿＿＿＿＿＿＿＿＿＿＿＿＿＿＿＿＿＿＿＿＿＿＿。

当起动机不工作时，其＿＿＿＿＿＿＿＿＿＿＿＿＿＿＿＿＿＿。当接通启动开关启动发动机时，在磁极磁力的作用下，整个电枢连同驱动齿轮移动与磁极对齐，同时驱动齿轮与飞轮啮合。发动机启动后，＿＿＿＿＿＿＿＿＿＿＿＿＿＿＿＿＿电枢轴连同驱动齿轮退回，脱离与飞轮的啮合。

当接通点火开关启动发动机时，驱动齿轮靠杠杆机构的作用沿电枢轴移出，与飞轮啮合，使发动机启动；发动机启动后，切断启动开关，外力作用消除后，驱动齿轮在复位弹簧的作用下退回，脱离与飞轮的啮合。这种起动机结构复杂，仅用于一些大功率柴油汽车上。

（2）齿轮移动式起动机：由电磁开关推动啮合杆。

（3）减速式起动机：＿＿＿＿＿＿＿＿＿＿＿＿＿＿＿＿＿＿＿＿＿。

二、起动机的构造

（一）起动机的组成

起动机一般由＿＿＿＿＿＿＿＿＿3部分组成。

直流电动机包括机壳、＿＿＿＿＿＿＿＿＿＿＿＿＿＿（转子）、换向器、电刷等。直流电动机的作用是＿＿＿＿＿＿＿＿＿＿＿＿＿＿＿＿＿＿＿＿＿＿。

请标出图2-2中标注的零件名称。

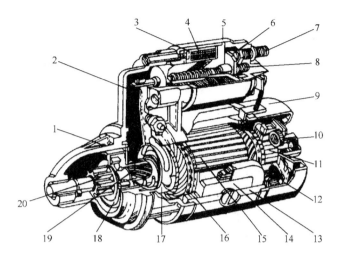

1—_____；2—拨叉；3—_____；4—_____；5—电磁开关；6—触点；7—_____；

8—接触盘；9—_____；10—电刷弹簧；11—_____；12—_____；13—_____；

14—磁极；15—电枢；16—_____；17—移动齿轮；18—_____；19—_____；20—驱动齿轮。

图 2-2　起动机的组成

（二）直流电动机

1．直流电动机的组成

（1）端盖及壳体。

端盖分为前、后两个。后端盖一般用铝合金或钢板压制而成，其上装有 4 个电刷架。壳体由钢管制成，功能是安装磁极和固定机件，磁极固定在壳体内壁上。壳体上有一个接线端子或一根电缆引线，对于电磁式电动机，该端子或引线与励磁绕组的一端相连。

（2）磁极。

磁极也叫定子，作用是 _____

_____

_____，励磁绕组套装在铁芯上。起动机有 4 个磁极。励磁绕组用矩形裸铜线绕制，并与电枢绕组串联。4 个励磁绕组的连接方式有两种：一种是 4 个励磁绕组串联后与电枢绕组串联；另一种是 2 个励磁绕组先串联后并联，然后与电枢绕组串联，目前采用这种连接方式比较多。无论采用哪一种连接方式，其励磁绕组通电产生的磁极必须 N、S 极相间排列。

（3）电枢。

电枢总成如图 2-3 所示，主要由 _____ 组成，主要功能是产生电磁转矩。

电枢铁芯由相互绝缘的 _____ 而成，其圆周上制有安放电枢绕组的槽，花键固装在电枢轴上。为了获得较大的电磁转矩，流经电枢绕组的电流很大，一般都为 _____，因此，电枢绕组采用横截面积较大的矩形或圆形裸铜线绕制。

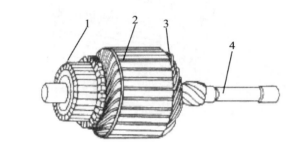

1—_____；2—_____；3—_____；4—电枢轴。

图 2-3　电枢总成

（4）换向器。

换向器的功能是 _____

_____

_____。

换向器由截面呈燕尾形的铜片叠合而成，如图 2-4 所示，燕尾形铜片称为换向片，换向片与换向片之间，以及换向片与轴套、压环之间均用云母绝缘。

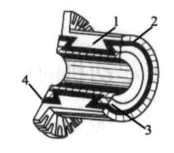

1—铜片；2—_____；3—_____；4—_____。

图 2-4　换向器

（5）电刷组件。

电刷组件的功用是 _____，主要由电刷、电刷架和电刷弹簧组成。电刷用铜粉与石墨粉压制而成，它们的质量之比为 4∶1，加入较多铜粉的目的是提高导电性能和耐磨性能。电刷安装在 _____，借弹簧压力紧压在换向器上，电刷弹簧的压力一般为 12～15N。电刷架有 4 个，固定在支架或端盖上，直接固定在支架或端盖上的电刷架称为搭铁电刷架或负电刷架，安装在 _____ 称

为负电刷；用绝缘垫片将电刷架绝缘固定在电刷支架或端盖上的电刷架称为正电刷架，安装在两个正电刷架内的电刷称为正电刷。

2．直流电动机的工作原理

直流电动机是 ＿＿＿＿＿＿＿＿＿ 的设备，是根据带电导体在磁场中受到电磁力的作用而运动的原理制成的，其工作原理如图 2-5 所示。

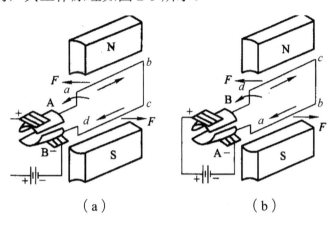

（a）　　　　　　　　　　（b）

图 2-5　直流电动机的工作原理

电动机的电刷与直流电源相接，电流由 ＿＿＿＿＿＿＿＿＿＿＿＿＿＿＿ ，从换向片 B 和负电刷流出，如图 2-5（a）所示。此时绕组中的电流方向为 $a \rightarrow d$，按左手定则可确定导线 ab 受到向左的电磁力 F，导线 cd 受到向右的电磁力 F，于是整个线圈受到逆时针方向的转矩而转动。当电枢转过半周时，如图 2-5（b）所示，＿＿＿＿＿＿＿＿＿＿＿＿＿＿＿ ，换向片 A 与负电刷相接触，线圈中电流的方向改变为 ＿＿＿＿＿＿＿＿＿＿＿ ，因而在 N 极和 S 极下面，导体中的电流方向保持不变，电磁转矩的方向也就 ＿＿＿＿＿＿＿＿＿＿＿ ，使电枢仍按原来的逆时针方向继续转动。

由于一个线圈产生的转矩太小，且转速不稳定，因此，实际上电动机的电枢上绕有很多线圈，换向片数也随线圈的增加而相应增加。

（三）起动机的控制装置

起动机的控制装置用来控制直流电动机主电路的通断，由吸引线圈、保持线圈、铁芯、接触盘等组成。

起动机的工作原理如图 2-6 所示，当合上启动总开关 9 并按下启动按钮 8 时，吸引线圈 6 和保持线圈 5 的电路接通，其电流回路如下。

＿＿＿

＿＿＿

＿＿＿

_____。

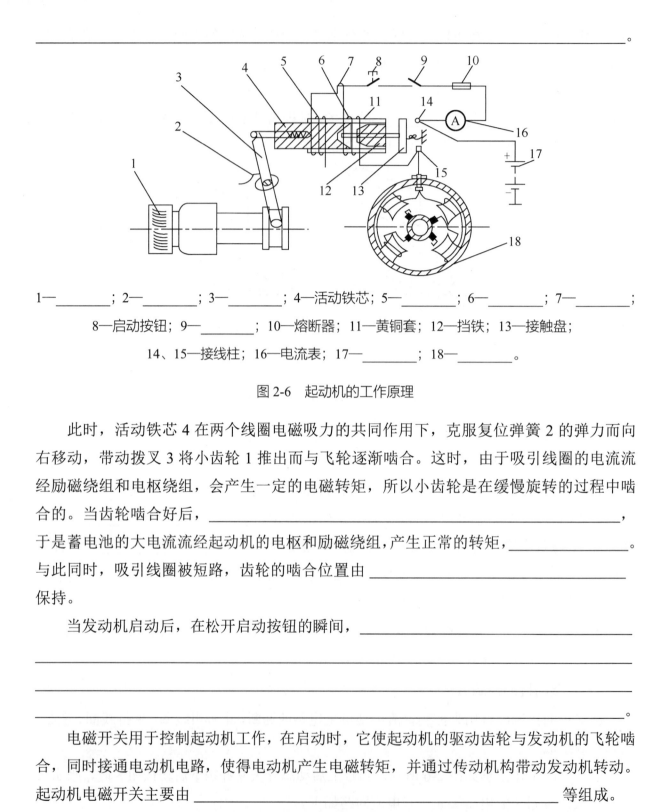

1—_____；2—_____；3—_____；4—活动铁芯；5—_____；6—_____；7—_____；
8—启动按钮；9—_____；10—熔断器；11—黄铜套；12—挡铁；13—接触盘；
14、15—接线柱；16—电流表；17—_____；18—_____。

图2-6　起动机的工作原理

此时，活动铁芯4在两个线圈电磁吸力的共同作用下，克服复位弹簧2的弹力而向右移动，带动拨叉3将小齿轮1推出而与飞轮逐渐啮合。这时，由于吸引线圈的电流流经励磁绕组和电枢绕组，会产生一定的电磁转矩，所以小齿轮是在缓慢旋转的过程中啮合的。当齿轮啮合好后，_____，于是蓄电池的大电流流经起动机的电枢和励磁绕组，产生正常的转矩，_____。与此同时，吸引线圈被短路，齿轮的啮合位置由_____保持。

当发动机启动后，在松开启动按钮的瞬间，_____

_____

_____

_____。

电磁开关用于控制起动机工作，在启动时，它使起动机的驱动齿轮与发动机的飞轮啮合，同时接通电动机电路，使得电动机产生电磁转矩，并通过传动机构带动发动机转动。起动机电磁开关主要由_____等组成。

（四）起动机的传动机构

（1）结构。

起动机的传动机构实际上是一个单向离合器。单向离合器的作用是＿＿＿＿＿＿＿＿＿＿＿

＿＿

＿＿＿＿＿＿＿＿＿＿＿＿＿＿＿＿＿＿＿＿＿＿＿＿＿＿＿＿＿＿＿＿＿。因为飞轮与小齿轮的传动比为 1∶15～1∶10，所以，发动机启动后，如果不及时将起动机与发动机分离，则起动机的电枢会被发动机曲轴带动，以 1000～1500r/min 的转速高速旋转，导致电枢线圈从电枢槽中甩出，造成"飞车"事故，使电枢损坏。

起动机驱动小齿轮与外壳连成一体，外壳内装有十字块与 4 套滚柱、压帽和弹簧，十字块与花键套筒一体，护盖与外壳相互扣合密封。传动套筒的外面套有缓冲弹簧与移动衬套，并由卡环锁住。整个离合器总成利用花键套筒装在起动机的花键部位，可以轴向移动，也可以随轴转动。

（2）滚柱式单向离合器的工作原理。

滚柱式单向离合器的工作原理：外壳与十字块之间的间隙是宽窄不等的（呈楔形槽）。发动机启动时，＿＿＿＿＿＿＿＿＿＿＿＿＿＿＿＿＿＿＿＿，使驱动齿轮啮入飞轮。当起动机电枢旋转时，转矩由传动套筒传到十字块，十字块随电枢一同旋转，滚柱便滚入楔形槽的窄处被卡死，于是转矩传给驱动齿轮，带动飞轮，使发动机启动。当发动机启动后，＿＿＿＿＿＿＿＿＿＿＿＿＿＿＿＿＿＿＿，当速度大于十字块时，滚柱滚入楔形槽的宽处而打滑，这样转矩就不能从驱动齿轮传给起动机电枢，从而防止电枢超速"飞车"的危险。

滚柱式单向离合器结构简单紧凑，故在中、小功率的起动机中得到了广泛应用，但它在传递较大转矩时容易卡住，因此，较大功率的起动机一般采用弹簧式和摩擦片式单向离合器。

三、起动机的工作原理

前面已介绍过起动机的工作原理，各型汽车启动系统的工作过程有所不同，但差别不大，下面以五菱小旋风汽车启动系统电路（见图 2-7）为例进行讲解。

当合上启动总开关 9 并按下启动按钮 8 时，吸引线圈 6 和保持线圈 5 的电路接通，其电路如下：＿＿＿＿＿＿＿＿＿＿＿＿＿＿＿＿＿＿＿＿＿＿＿＿＿＿＿＿＿＿＿＿＿＿＿＿＿

＿＿

_____

_____ →

接线柱 7→ { 保持线圈 5→ _____ 。

吸引线圈 6→ _____ 。

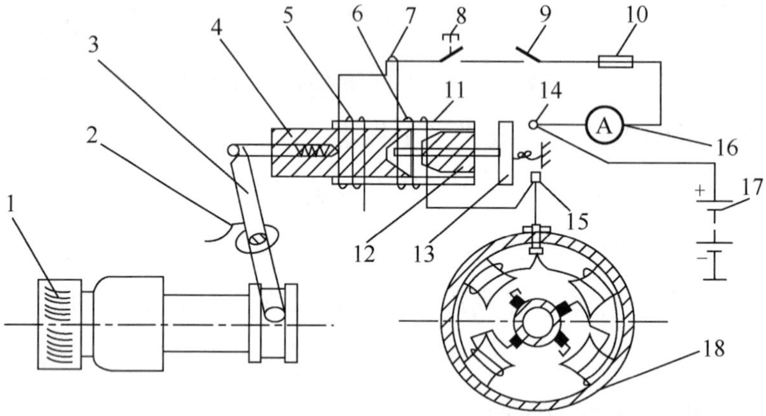

图 2-7　五菱小旋风汽车启动系统电路

此时，活动铁芯 4 在两个线圈电磁吸力的共同作用下，克服复位弹簧 2 的弹力而向右移动，带动 _____ 逐渐啮合。这时，由于吸引线圈的电流流经励磁绕组和电枢绕组，会产生一定的电磁转矩，所以小齿轮是在缓慢旋转的过程中啮合的。当齿轮啮合好后，接触盘 13 刚好将接线柱 14、15 接通，于是蓄电池的大电流流经起动机的电枢和励磁绕组，产生正常的转矩，带动发动机旋转，启动发动机。与此同时，吸引线圈被短路，齿轮的啮合位置由保持线圈 5 的吸力来保持。

当发动机启动后，在松开启动按钮的瞬间，_____，由于此时两线圈产生的磁通方向相反，磁力相互抵消，所以活动铁芯在复位弹簧的作用下回至原位，_____ 。

四、减速式起动机

减速式起动机与普通带电磁开关的强制啮合式起动机没有本质的区别，只是在起动机电枢和驱动齿轮之间增加 _____，因此，可将起动机电枢的工作转速设计得较高，然后通过减速机构使驱动齿轮的转速降低并使转矩增大。减速式起动机的结构如图 2-8 所示，其特点是电动机为小型、高速串励式直流电动机。

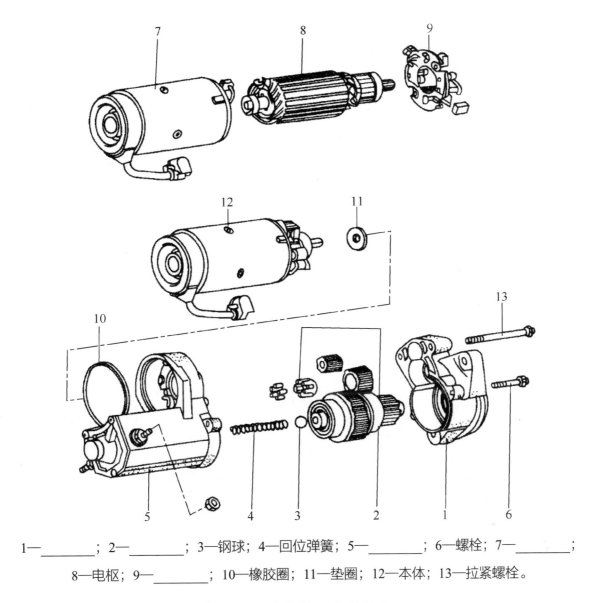

1—_____；2—_____；3—钢球；4—回位弹簧；5—_____；6—螺栓；7—_____；
8—电枢；9—_____；10—橡胶圈；11—垫圈；12—本体；13—拉紧螺栓。

图 2-8 减速式起动机的结构

（1）动力输出部分由 _____ 两部分组成。电枢
轴和传动轴两端用滚珠轴承支承，使负荷分布均匀，不易出现电枢轴弯曲现象。

（2）采用了减速装置，转子与驱动齿轮之间安装有减速齿轮，启动电动机传递给启动
齿轮的转矩增大；在利用电磁开关接通的同时 _____，伸出
与飞轮啮合。

（3）减速式起动机的体积和质量大约是传统起动机的一半，节省原材料，同时拆装
修理方便。

（4）减速式起动机的磁极对数与传统的起动机一样，但励磁绕组常采用小导线多根
并联的方法，电枢绕组的绕法虽与传统起动机的原理相同，但制造工艺简单。

五、永磁减速式起动机

永磁减速式起动机的磁极由铁氧体或钕铁硼永磁材料制成，由于取消了励磁绕组，所以起动机的结构得到简化，体积、质量也相应减小。

北京切诺基吉普车上装用的12VDW1.4型起动机就是永磁减速式起动机，其原理简图如图2-9所示，减速装置为_____。它以电枢轴齿轮为太阳轮，另有3个行星齿轮及1个固定内齿圈。太阳轮压装在电枢轴上，与_____同时啮合。3个行星齿轮的轴压装在一个圆盘上，行星齿轮在轴上可以自由转动。该_____做成一体，驱动齿轮轴一端设有螺旋花键，与单向离合器的传动套筒内的螺旋花键配合。内齿圈由塑料铸塑而成，3个行星齿轮在其上滚动。内齿圈的外缘设有定位用的槽，以便嵌放在后端盖上。

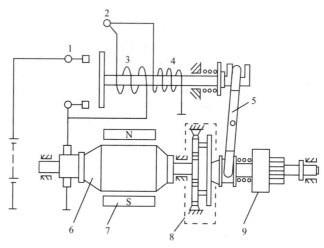

1—30接线柱；2—50接线柱；3—吸引线圈；4—_____；5—拨叉；6—电枢；7—_____；8—_____；
9—_____。

图2-9 12VDW1.4型永磁减速式起动机的原理简图

六、启动系统的安全保护

1. 安全保护装置的功用

为保证启动系统安全可靠地工作，在进口汽车的部分车型上设有安全保护（也称误操作保护）装置，其功用如下。

（1）当发动机正常启动后，如果_____，即未及时切断启动电路，则起动机的驱动齿轮将不能及时与发动机的飞轮分离，虽然有单向离合器的作用，发动机不会_____，但是发动机的飞轮将带动起动机的驱动齿轮以极

高的速度旋转，这将会造成单向离合器滑磨，加速磨损。_____，既消耗电能，又会加速起动机轴承的磨损。设置安全保护装置后，即使没有及时松开启动开关，也可及时切断起动机电路，避免上述现象发生。

（2）在发动机正常运转时，若误接通启动开关（或启动按钮），则起动机的驱动齿轮将在操纵装置作用下与飞轮轮齿碰撞而损坏，故为此设置_____，避免驱动齿轮与飞轮碰撞。

2．启动继电器

前面提到，发动机启动后，若未及时断开启动开关，就会造成单向离合器长时间滑磨而加速损坏；若启动后又误将启动开关接通，则起动机工作，将会造成起动机的驱动齿轮与高速旋转的飞轮撞击，从而加速齿轮损坏。这两种错误操作在实际中很难避免。为解决这个问题，在启动电路中采用了驱动保护电路。

例如，解放 CA1091、东风 EQ1090 汽车采用了_____
_____。

启动继电器有一对常开触点，充电指示继电器有一对常闭触点。启动继电器线圈由发电机中性点供电，_____。发动机未发动前，由于发电机中性点无电压，所以充电指示继电器触点闭合，经启动继电器的电路仅由点火开关控制；发动机启动后，发电机中性点电压达到规定值，_____，从而将启动继电器切断，使启动继电器触点不再闭合，起动机停止工作，从而实现对起动机的保护。

🔍 判断题

1．起动机主要由直流电动机、传动机构、控制机构 3 部分组成。　　　（　　）

2．无论采用哪一种连接方式，励磁绕组通电产生的磁极必须 N、S 极相间排列。
（　　）

3．换向器的功能是将直流电流转换为电枢绕组中导体所需的电流并改变方向。
（　　）

4．当吸引线圈和保持线圈通电产生的磁通方向相反时，铁芯向前移动并推动接触盘，使电动机开关的两个触点接通。　　　（　　）

5．当发动机启动后，在松开启动按钮的瞬间，保持线圈中的电流只能经保持线圈构成回路。　　　（　　）

选择题

1. 起动机的工作电压应不低于（　　　）。

    A．7V   　　　B．8V   　　　C．9V   　　　D．12V

2. 下列零件中哪个不是起动机电磁开关的组成部分（　　　）。

    A．电磁线圈   　　B．活动铁芯   　　C．接触盘   　　D．换向机构

3. 下列哪个不是单向离合器的作用（　　　）。

    A．单方向传递转矩

    B．自动打滑

    C．切断动力

    D．换向转动

4. 起动机的电刷与换向器的接触面积应在（　　　）以上。

    A．65%   　　　B．75%   　　　C．85%   　　　D．95%

5. 用万用表最小电阻挡测量保持线圈的电阻值，标准保持线圈的电阻值为（　　　）Ω。

    A．1.3～1.5   　　B．2.0～2.5   　　C．3.0～5   　　D．8.0～10

任务实施

一、起动机的拆卸步骤

（1）拆卸前，对起动机外部进行清洁。

（2）拆下电磁开关上的 _____，如图 2-10 所示。

（3）拆下固定电磁开关的螺母，取下 _____，如图 2-11 所示。

图 2-10　拆下_____　　　　　图 2-11　取下_____

（4）拧下后端盖的两个固定螺栓，取下 _____，如图 2-12 所示。

（5）取出绝缘垫片，拿出 _____，如图 2-13 所示。

图 2-12　取下_____　　图 2-13　拿出_____、_____与_____

（6）取出定子总成，如图 2-14 所示。

（7）将转子总成与拨叉一起取出，如图 2-15 所示。

图 2-14　取出定子总成　　　　图 2-15 取出转子总成与拨叉

二、起动机零部件的检测

1．转子总成的检查

（1）转子线圈断路现象的检查。

用万用表蜂鸣挡位测量转子线圈的导通情况，如图 2-16 所示，将两表笔接触换向片，如果有蜂鸣声响，则表示转子线圈良好；如果 _____，则表示有断路，应更换。

（2）转子线圈的绝缘情况检查。

用万用表蜂鸣挡检查转子线圈的绝缘情况，如图 2-17 所示，将一表笔接触换向片，另一表笔接触转子轴，若显示为 1，则表示 _____；如果有数值显示（有蜂鸣声响），则表示转子线圈有搭铁故障，应更换。

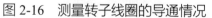

图 2-16　测量转子线圈的导通情况

图 2-17　检查转子线圈的绝缘情况

（3）换向器的检查。

检查换向器表面有无 _____。若有轻微的烧蚀和失圆情况，则可以用细砂纸打磨；若有严重的烧蚀和失圆情况，则应更换。

（4）转子轴弯曲度的检查。

检查转子总成表面有无 _____，若有摩擦痕迹，则表明转子轴弯曲或轴承磨损，应更换。

2．定子总成的检查

（1）定子总成两对电刷的导通检查。

如图 2-18 所示，用万用表蜂鸣挡测量 _____，应相对导通，相邻不通；反之则说明有断路或搭铁故障，应维修或更换。

（2）定子线圈电阻的检查。

如图 2-19 所示，用万用表最小挡测量，将一表笔_____，若电阻值在 0.3Ω 左右，则说明定子线圈电阻正常；如果显示为 1，则说明定子线圈断路，应更换。

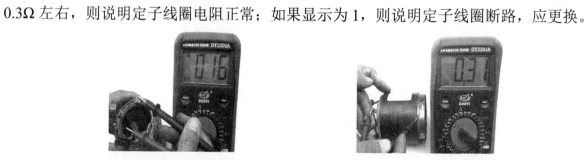

图 2-18　测量电刷的导通情况　　　　图 2-19　测量定子线圈电阻

（3）电刷的检查。

用卡尺检查电刷长度，电刷长度应不小于新电刷长度的 2/3（国产起动机的新电刷长度一般为 14mm），否则应予以更换。电刷与换向器的接触面积应在 75％ 以上，否则应研磨电刷。电刷在电刷架内应 _____ 现象。

（4）单向离合器的打滑检查。

如图 2-20 所示，将单向离合器夹紧在台虎钳上，顺电枢旋转方向扳动扭力扳手，应

能承受 25.2N·m 的扭力而不打滑。＿＿＿＿＿＿＿＿＿＿＿＿＿＿＿＿＿＿＿，无卡滞现象。

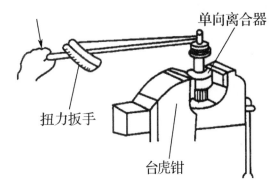

图 2-20　单向离合器的打滑检查

（5）电磁开关的检查。

① 吸引线圈电阻的检查。

如图 2-21 所示，用万用表最小挡测量吸引线圈的电阻值，＿＿＿＿＿＿＿＿＿＿
＿＿＿＿＿＿＿＿＿＿＿。标准吸引线圈的电阻值为 0.5～0.8Ω，若电阻值小于标准值或无穷大，则说明吸引线圈有短路或断路故障，需要更换。

② 保持线圈电阻的检查。

如图 2-22 所示，用万用表最小挡测量保持线圈的电阻值，一表笔接触开关接线柱，另一表笔搭铁。标准保持线圈的电阻值为 ＿＿＿＿＿＿＿＿＿＿＿＿＿＿，若电阻值小于标准值或无穷大，则说明保持线圈有短路或断路故障，需要更换。

图 2-21　测量吸引线圈电阻　　图 2-22　测量保持线圈电阻

（6）轴承检查。

如图 2-23 所示，将转子轴分别放入前、后端盖内，径向晃动，应无 ＿＿＿＿＿＿＿＿

＿＿＿＿＿＿＿＿＿＿＿＿＿＿＿＿＿＿＿＿＿＿＿＿＿＿＿＿＿＿＿＿＿。

（7）如图 2-24 所示，检查壳体、拨叉、电刷架、绝缘垫，应 ＿＿＿＿＿＿＿＿＿＿；电刷压紧弹簧弹力应良好。

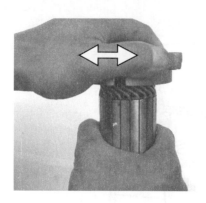

图 2-23 检查轴承

图 2-24 检查壳体、拨叉、电刷架、绝缘垫

三、起动机的安装步骤

按照与拆卸相反的顺序将起动机安装好，安装时需要注意：轴承轴颈等部位内应加入干净润滑脂；安装好起动机后，启动运转时应平稳灵活，无明显的前后窜动，无异响。

（1）将拨叉与转子总成一起装入前端盖内（拨叉应能活动自如），如图 2-25 所示。

（2）安装定子总成（要将定子总成的缺口放入拨叉的凸点处），如图 2-26 所示。

图 2-25 安装拨叉、转子总成

图 2-26 安装定子总成

（3）安装好电刷架后，放入电刷，安装压紧弹簧（＿＿＿＿＿＿＿＿＿＿＿＿＿＿＿＿＿＿＿，在安装压紧弹簧时，要小心弹簧飞出），如图 2-27 所示。

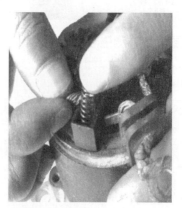

图 2-27 安装电刷、压紧弹簧

（4）安装好绝缘垫片，盖上后端盖，拧紧长螺栓（应将 ＿＿＿＿＿＿＿＿＿＿＿＿＿＿ ，对正前、后端盖上的螺孔，长螺栓的拧紧力要适中），图 2-28 所示。

图 2-28　盖上后端盖、拧紧长螺栓

（5）装入电磁开关，拧紧电磁开关的螺母；接好直流电动机的连接线，并紧固螺母（将拉杆装入拨叉槽内，电动机接线柱朝下），如图 2-29 所示。

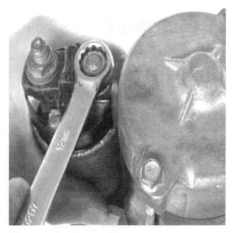

图 2-29　装入电磁开关、紧固接线柱

四、起动机装复后的空载试验

（1）如图 2-30 所示，把 ＿＿＿＿＿＿＿＿＿＿＿＿＿＿＿＿＿＿＿＿＿＿＿＿。

（2）把 ＿＿＿＿＿＿＿＿＿＿＿＿＿＿＿＿（当负极碰到起动机的外壳时，有火花产生，说明起动机有短路现象）。

（3）将蓄电池"＋"接线柱与开关接线柱短接，＿＿＿＿＿＿＿＿＿＿＿＿＿＿＿＿＿＿。

（4）拆线时要注意先拆负极。

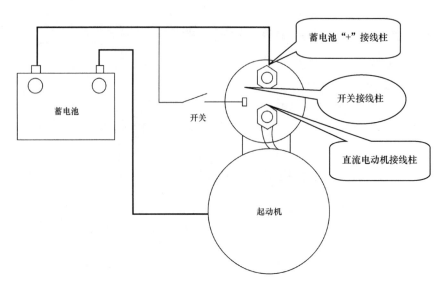

图 2-30 空载试验图

拓展训练

一、汽车启动系统控制电路

正确连接有防盗系统的启动系统控制图（见图 2-31）。

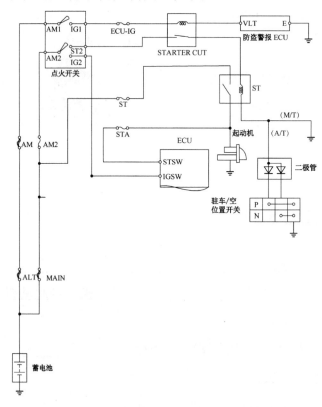

图 2-31 有防盗系统的启动系统控制图

有防盗系统的启动系统的工作原理如下。

当把点火开关拧到 ON 挡时，电流分两路走，第一路电流直接流到计算机板；第二路电流通过启动断路继电器流经防盗报警器，_____

_____。

当电流通过断路继电器到达防盗报警器时，如果防盗报警器不工作（没有解码），则断路继电器由于磁场作用将开关打开，所以起动机中没有电流通过，汽车无法启动。

二、汽车启动系统的故障判断与排除

1．起动机不转动

汽车的启动系统包括蓄电池、起动机、继电器、连接导线等，其故障有电气方面的，也有机械方面的，下面以五菱小旋风汽车为例，分析启动系统的故障现象和原因。

（1）故障现象。

启动时，将点火钥匙拧到 START 挡，起动机不工作。

（2）故障原因。

① 蓄电池亏电严重，导线接头松动或极柱太脏，点火开关触点烧蚀。

② 电磁开关中的吸引线圈 _____。

③ 定子线圈或转子线圈有断路、短路或搭铁故障。

④ _____。

⑤ 熔断器烧坏。

（3）故障排除方法。

① 首先检查蓄电池的存电情况和导线、熔断器的连接情况，如果蓄电池存电充足、接线良好，则故障出在 _____。

② 用起子连接起动机的两接线柱，若起动机不转动，则故障在起动机内部。当起子短接时，若无火花，则表明起动机内部断路；若有强烈火花，起动机仍不转动，则表明起动机内部有短路或搭铁故障，应拆下起动机进一步检修。

③ 当用起子连接起动机的两接线柱时，若起动机 _____。

2．起动机运转无力

（1）故障现象。

蓄电池存电良好，线路也正常，但起动机工作时运转无力，转速过低，不能使发动机着车。

（2）故障原因。

① _____。

② 电刷磨损过多或压紧弹簧压力不足，使电刷接触不良。

③ _____。

④ 起动机开关触点烧蚀。

⑤ _____。

（3）故障排除思路。

从汽车上拆下起动机，解体后进行常规检测，逐一排除。

3．起动机驱动齿轮周期地敲击飞轮，发出"咯咯"声

（1）故障现象。

启动时，起动机发出"咯咯"声后便停止工作。

（2）故障原因。

_____。

（3）故障排除思路。

_____。

4．起动机空转

（1）故障现象。

启动时，起动机转动，但发动机不转。

（2）故障原因。

① _____。

② 拨叉断裂或损坏。

（3）故障排除思路。

① _____。

② _____。

5．单向离合器不回位

（1）故障现象。

发动机启动后，起动机驱动齿轮还与飞轮啮合。

（2）故障原因。

① _____。

② 复位弹簧失效。

③ _____。

（3）故障排除思路。

① 检查控制电路。

② 从汽车上拆下起动机，解体后进行常规检测。

6．汽车综合排故

（1）故障现象。

驾驶员反映该车起动机有时转动无力，在冷车时容易出现此故障，而在其他大多数情况下，起动机工作正常。某一天，驾驶员将点火开关转至 START 位置，只听见"嗒嗒"几声，起动机不能转动。

（2）故障原因。

① 蓄电池有故障，蓄电池自身亏电或发电机发电量不足。

② _____。

③ _____。

（3）检测步骤。

① _____。

② 拔下起动机电磁开关插头，将导线一端接在电磁开关接线柱上，另一端接在蓄电池正极接线柱上，若起动机转动正常，则故障出在点火开关至起动机电磁开关间；若起动机不转或转动无力，则故障出在起动机上。经过测试，得知起动机转动无力。

③ _____。

④ 拆下起动机，进行检查，起动机内部正常。将起动机夹在台虎钳上，对起动机进行无负荷测试。用导线将起动机外壳接至蓄电池负极接线柱上，用粗导线将蓄电池正极接线柱和起动机"+B"端子接在一起，用导线短接蓄电池正极和起动机电磁开关，起动机立即转动，转速为3000r/min，听声音，起动机转动无力。

⑤ 经分析，故障出现在起动机线路上。起动机"+B"线路没问题，此时车身搭铁出现故障的可能性就比较大了，注意到车架与自动变速器间有一条粗导线。经检查发现，粗导线与车架连接处的螺栓松动，将此处螺栓紧固后，故障排除。

该车由于起动机搭铁线松动造成启动时的启动电流减小，从而使起动机转动无力。

 故障诊断与排除

刘先生从外地出差回来，发现自己的别克威朗轿车无法启动，在每次启动时都能听到起动机转动的声音，但发动机不运转，请根据所学知识分析故障发生的原因并制定解决方

 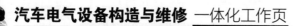

案，根据方案排除故障。

问诊

根据客户陈述检查各故障点并按要求填写车辆检查问诊单（见表2-1）。

表2-1 车辆检查问诊单

客户姓名		车牌		
客户电话		车型		
维修顾问		车架号		
预计交车时间		行驶里程数		燃油表显示
外观确认：		仪表故障信息： 其他：		
客户陈述故障				
报检项目				
建议维修项目				
客户签字		服务顾问签字		

二、制定维修方案

教师将学生分成若干小组，每组5人左右，每组选出一个组长，组长负责对组员进行任务分配，组员按照组长的要求完成相应的任务，并将所完成的任务内容填入个人任务工作表中（见表 2-2）。

表 2-2　个人任务工作表

序号	任务	个人任务	完成情况	教师或组长检验结果
1	刘先生从外地出差回来,发现自己的别克威朗轿车无法启动,在每次启动时都能听到起动机转动的声音,但发动机不运转,请根据所学知识排除相关故障			
2				
3				
4				

三、填写维修卡

根据检查的结果制定维修方案并按要求填写维修卡（见表 2-3）。

表 2-3　维修卡

服务专员		日期		制单人员	
工单号		进厂日期		发动机号	
车主		车主电话		车架号（VIN）	
地址					
车牌号		车型			
检查结果					
维修方案	1.拆装				
	2.维修				
	3.更换				
维修人员签字		组长签字		指导教师签字	

四、填写维修工单

根据维修方案排除故障并按要求填写维修工单（见表 2-4）。

表 2-4 维修工单

服务专员		日期		制单人员	
工单号		进厂日期		发动机号	
车主		车主电话		车架号（VIN）	
地址					
车牌号		预定交车时间		质检	
车型		路试		洗车	
维修类别		进厂里程		保修结束里程	
维修项目	维修内容		工时	单价	金额
1.拆装					
2.修复					
3.喷漆					
4.更换					
5.机修					
6.四轮定位					
客户签字		维修技师签字		洗车技师签字	
		终检签字		维修经理签字	

任务评价

教师及学生对本任务学习进行评价，并填写任务评价表（见表 2-5）。

表 2-5 任务评价表

评价内容及评分标准		自我评价（打分）	小组相互评价（打分）	教师评价（打分）
信息收集（15分）	理解任务或问题的程度（5分）			
	收集信息的完整性（5分）			
	对信息（知识）的领会程度（5分）			
制订计划（20分）	计划制订的参与程度（10分）			
	计划的合理性及实用性（10分）			

续表

评价内容及评分标准		自我评价（打分）	小组相互评价（打分）	教师评价（打分）
修改计划（15分）	与教师讨论计划（5分）			
	与教师讨论后，是否知道如何改进计划（5分）			
	计划修改后的完整性（5分）			
实施（20分）	是否按计划进行工作（5分）			
	是否亲自实施计划（5分）			
	是否记录工作过程及结果（10分）			
检查（15分）	是否按计划的要求完成任务（5分）			
	是否达到预期目标（5分）			
	整个工作流程是否与标准流程符合（5分）			
评价（15分）	是否按计划完成了任务或解决了问题（5分）			
	在哪个环节上可以改进（2分）			
	学习团队的合作情况（3分）			
	现场7S及劳动纪律（5分）			
总分（100分）				
总评				

 技能考核

起动机的拆装、检修考核（时间：30分钟）

一体化项目（任务）考核评分表如表2-6所示。

表2-6　一体化项目（任务）考核评分表

任课教师签字：

序号	考核内容	配分	评分标准	考核记录	扣分	得分
一	考前准备	2	备齐所需的工、量具及设备			
二	起动机的拆卸与检修	3	1. 清洁表面，做拆装标记			
		2	2. 拆下电磁开关上的电机接线柱			
		2	3. 拆下固定电磁开关的螺母，取下电磁开关			
		2	4. 拧下后端盖的两个固定螺栓，取下后端盖			
		2	5. 取出绝缘垫片，拿出电刷、弹簧与电刷架			
		2	6. 取出定子总成			
		3	7. 取出转子总成与拨叉			
		5	8. 检查转子总成			
		2	9. 检查壳体、定子总成			
		2	10. 检查电磁开关			

续表

序号	考核内容	配分	评分标准	考核记录	扣分	得分
三	起动机的安装	2	1. 清洁各个零部件			
		3	2. 将拨叉总成装入前端盖中			
		5	3. 安装转子总成			
		5	4. 安装定子总成			
		4	5. 安装电刷架、电刷、压紧弹簧			
		4	6. 安装绝缘垫片、后端盖			
		2	7. 拧紧长螺栓			
		5	8. 安装电磁开关、紧固接线柱			
		5	9. 空载测试			
四	基础知识填空	5	回答正确、书写工整、按时全部完成			
五	职业素养	5	1. 课堂纪律			
		5	2. 文明操作			
		3	3. 7S 管理			
六	时间要求	20	每超 1 分钟扣 1 分，超过 10 分钟者不予及格			
合计	—	100	—			

项目三

汽车点火系统

任务

汽车点火系统的构造与检修

姓名：_____　　班级：_____　　日期：_____

复习与思考

基础知识填空

一、点火系统概述及分类

（一）点火系统概述

由于汽油 _____，难以 _____，因此，汽油发动机设置了 _____，采用 _____。汽车点火系统的作用是在 _____。

为了保证可靠点火，点火系统应满足以下基本条件。

（1）能迅速 _____。为了确保发动机在工作时，火花塞的电极间隙能被击穿并产生电火花，通常要求_____，并且要求 _____。

（2）电火花应有 _____。发动机温度 _____，启动时所需的 _____。为保证发动机具有较高的经济性及较少的排放污染物，一般要求电火花的能量应达到 _____，而且电火花要有一定的 _____，通常不短于500ms。

（3）_____，能与发动机的各种工况，如_____。为使发动机在把_____的过程中输出_____，点火系统必须根据发动机_____。

（4）在特殊使用条件下，如热带、寒带、潮湿地带及空气稀薄的高原地区行驶的车辆，点火系统必须能可靠工作。

（二）点火系统的分类

汽车点火系统按_____的控制方式不同可分为_____、_____和_____3 种类型。

1．传统点火系统

传统点火系统是指_____。传统点火系统_____，_____；但_____，_____，已逐步被淘汰。

2．半导体点火系统

半导体点火系统是指_____，也称"晶体管点火系统"或"普通电子点火系统"。它具有_____等优点，已逐渐取代传统点火系统。

3．计算机控制点火系统

计算机控制点火系统是指_____，经过_____和_____的点火系统。计算机控制点火系统取消了机械式点火提前调节装置，_____，应用越来越广。

■三 传统点火系统的各部件构造及作用

传统点火系统内有两个相互独立的电路：_____和_____。初级电路也叫作_____，其电源是_____。次级电路也叫作_____，其工作电压为_____，具体电压值由_____而定。传统点火系统的初/次级电路主要由_____等器件组成，如图 3-1 所示。

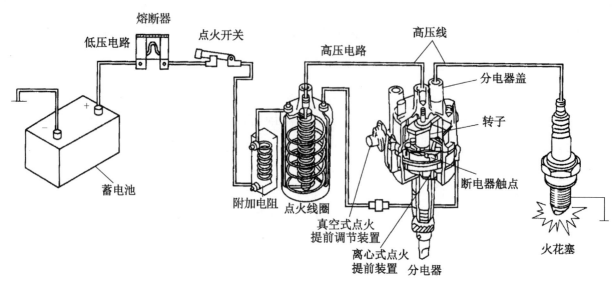

图 3-1　传统点火系统的组成

1. 蓄电池

蓄电池是 _____ 。发动机启动时，由 _____ ，启动后由 _____ 。蓄电池负极一侧与 _____ ，而正极一侧 _____ 。

2. 点火开关

点火开关的作用是 _____ 。正常工作时，电流流过 _____ ；启动时，_____ 。大多数点火开关做成 _____ 。点火开关的种类较多，通常按接线极柱的多少可分为：_____ ，如图 3-2（a）所示；_____ ，如图 3-2（b）所示。三接线极柱式点火开关有 3 个，1 个 _____ ，1 个接点火线圈的低压电源开关接线极柱，最后一个接电源，如电气仪表等。而四接线极柱式点火开关比三接线极柱式点火开关多了 _____ 。

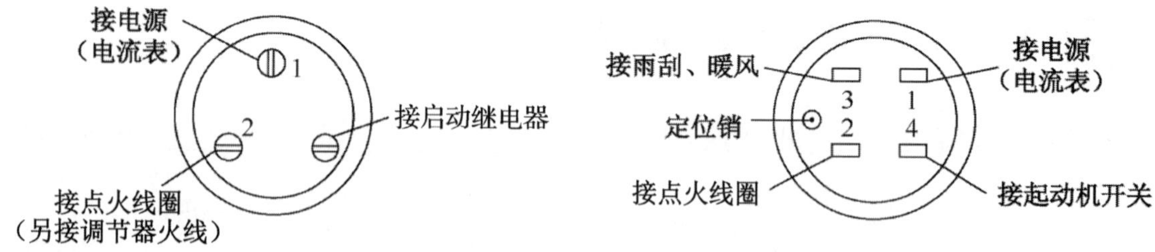

（a）三接线极柱式点火开关　　　　（b）四接线极柱式点火开关

图 3-2　点火开关

目前，汽车点火开关朝着 _____ 的方向改进，即点火开关除 _____ ，还可以控制起动机、音响设备、汽车防盗系统等。

3．点火线圈

点火线圈的作用是将_____。点火线圈是点火装置中的核心组件，通常安装在_____。它的作用之一就是_____。同时，为了保证火花塞能够_____，它又是_____。点火线圈是利用电磁互感原理制成的。

4．点火正时

点火正时是为了使_____，气缸内的混合气必须在最佳时刻进行点火。而电火花点燃空气—燃油混合气后，火焰需要一定的时间才能扩散至整个燃烧室。如果点火发生在活塞恰好到达上止点的位置，则混合气燃烧时，活塞也开始下移，从而使气缸容积增大，此时_____；但如果点火过早，则活塞还处于向上止点移动的过程中，气缸内的气体压力已达到很大数值，这时气体压力作用的方向与活塞运动的方向相反，会使有效功减少，发动机功率也将减小。

点火正时要求在_____ 点火，使混合气充分燃烧，产生最大的爆发力，正好全力推动活塞下行做功，这个时间上的配合就称为点火正时。

点火提前角：_____。

最佳点火提前角能够实现_____，排放合乎标准的点火提前角就称为最佳点火提前角。

最佳点火提前角并不是一个定值，它随许多影响因素变化，其中最主要的影响因素是_____。最佳点火提前角一般设有两套自动调节点火提前角的装置：一套能随发动机转速的变化而自动改变点火提前角，即离心式点火提前调节装置；另一套主要按发动机负载的不同而自动调节点火提前角，即真空式点火提前调节装置。此外，最佳点火提前角还与_____。当发动机更换不同牌号的汽油时，必须相应调节点火提前角，因此，点火系统中还专门设计了辛烷值校正装置。

初始点火正时是指_____。初始点火正时对应的曲轴转角称为基本曲轴转角。基本曲轴转角也正是点火发生时，1号气缸压缩到一定阶段的适当时刻。

5．真空式点火提前调节装置

真空式点火提前调节装置通过改变 ＿＿＿＿＿＿＿＿＿＿＿＿＿＿＿＿＿＿＿＿＿之间的相对位置来改变触点打开的时刻，从而改变点火提前角。

6．火花塞

火花塞的作用是把 ＿＿＿＿＿＿＿＿＿＿＿＿＿＿＿＿＿＿＿＿＿＿＿＿＿＿点燃混合气，如图 3-3 所示。

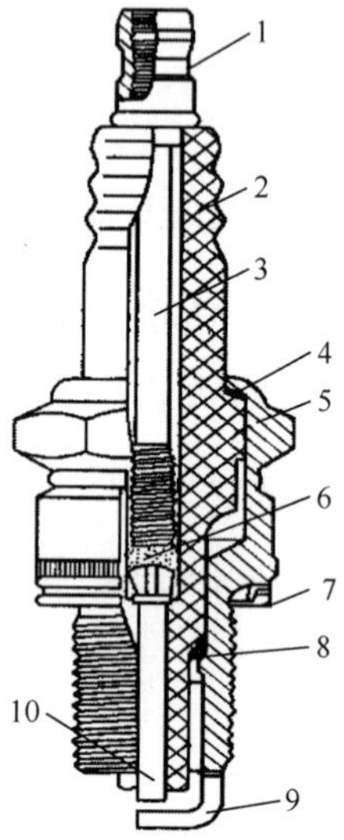

1—＿＿＿＿；2—＿＿＿＿；3—金属杆；4—垫圈；5—＿＿＿＿；6—＿＿＿＿；

7—＿＿＿＿；8—垫圈；9—侧电极；10—＿＿＿＿。

图 3-3　火花塞

传统点火系统火花塞间隙应调整到 ＿＿＿＿＿＿＿＿＿＿＿＿＿＿＿，电子点火系统火花塞间隙应调整到 ＿＿＿＿＿＿＿＿＿＿＿＿左右。

火花塞长裙的为 ＿＿＿＿＿＿＿＿＿＿＿＿，短裙的为 ＿＿＿＿＿＿＿＿＿＿＿＿＿。

三、普通电子控制点火系统

1．霍尔效应式点火信号发生器

霍尔效应式点火信号发生器的工作原理如图 3-4 所示。将霍尔元件，即半导体基片放在磁场中，并通过一个电流，＿＿＿＿＿＿＿＿＿＿＿＿＿＿＿＿＿＿＿＿＿＿＿＿，结果在垂直于电流和磁场的霍尔元件的横向两侧会产生一个与电流和磁场强度成正比的电压，这种现象称为霍尔效应，这个电压称为霍尔电压。

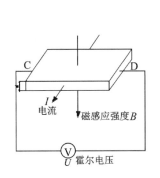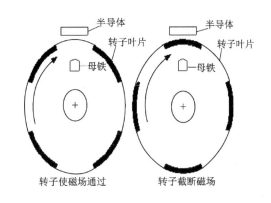

图 3-4　霍尔效应式点火信号发生器的工作原理

霍尔元件固定在陶瓷支座上，它有 4 个接线端头，信号电流从 _____，霍尔电流从 C、D 两端输出。注意：信号发生器上的霍尔元件实质上是一个带有霍尔元件的集成电路块。霍尔元件对面装有永久磁铁，_____，触发叶轮由分电器轴带动旋转，触发叶轮的叶片数与气缸数相同。当触发叶轮上的叶片通过或离开间隙时，霍尔元件的输出电压就会发生一高一低的变化；当叶片偏离间隙时，磁通穿过霍尔元件，在 C、D 端产生霍尔电压，这时霍尔元件内的集成电路接通，_____。此时用电压表的毫伏挡测量 C、D 端的电压将大于 0。当叶片转入永久磁铁和霍尔元件之间的间隙时，磁路被割断，这时霍尔电压为 0，霍尔元件内的集成电路断开，C、D 端电路没有电流流过。此时用电压表的毫伏挡 _____。当信号发生器的叶片通过间隙时，信号发生器向点火控制器（或称点火模块）点火，输出高电压，点火控制器使点火线圈初级电流接通。因此，初级电流的通电时间，即闭合角受到相邻两个叶片间周距的控制。叶片之间的周距越小，初级电流接通的时间越长。霍尔开关闭合的瞬间，即叶片离开间隙，信号发生器输出低电压，点火控制器使点火线圈初级电流截止，火花塞跳火，点燃混合气。

2．无分电器式电子点火系统

无分电器式电子点火系统完全取消了 _____，将点火线圈产生的高电压直接通过高压线传递给火花塞，使其点火。

无分电器式电子点火系统又分为 _____。

（1）双缸同时点火方式。

① 组成。

点火系统主要 _____等组成。

② 作用。

_____。

③ 工作原理。

由曲轴位置传感器输入转速及转角信号，发动机控制模块据此控制相应的初级绕组接通与断开，从而在次级绕组中感应出高压电。

双缸同时点火方式是指_____，即一个点火线圈有两个高压输出端，分别与两个火花塞连接，负责对两个气缸点火，如五菱 B 系列发动机就采用双缸同时点火方式。

在双缸同时点火方式中，每两个气缸合用一个点火线圈。排气行程的气缸和压缩行程点火的气缸同时点火。

在有些双缸同时点火系统中，点火线圈的次级绕组_____，作用是避免功率晶体管在导通时，点火线圈产生的电压造成火花塞误跳火。在大功率晶体管导通的瞬间，初级绕组_____，次级绕组产生大约 2000V 的电压。因为无分电器式电子点火系统没有配电器，所以这 2000V 的电压将全部作用于火花塞上。此电压若产生在压缩行程末期的实际点火期，则会由于气缸压力高（此电压不足）而使火花塞跳火；但如果大功率晶体管导通时期发生在进气行程末尾与压缩行程的开始之间，则气缸内的压力甚至_____，因此，2000V 的高压很可能使火花塞跳火。尤其在火花塞间隙较小而充电系统电压又_____规定值时，火花塞很有可能发生跳火，这将使发动机发生回火等现象而不能正常运转。为防止这种现象，在点火线圈的次级线圈内串联一个高压二极管，当大功率晶体管导通时，由于二极管的反向截止功能，2000V 的高压电就无法使_____；而当大功率晶体管截止时，次级绕组产生高压电，二极管对此不产生影响，可使火花塞顺利跳火。

这种点火系统由于取消了分电器，因此，必须依靠发动机控制模块（ECU）根据凸轮轴位置传感器传来的曲轴位置信号（Ne 信号）及_____确定哪一个缸点火，然后向 ICM 发出气缸辨别信号（IGDA 和 IGDB 信号），通过这两个气缸辨别信号的组合，点火控制模块就可以确定_____，从而控制点火顺序。

（2）单独点火方式。

采用单独点火方式的点火系统采用了超小型塑封式点火线圈，火花塞采用了_____，电极间隙不需要_____，每行驶 $10×10^4$km 应更换新的火花塞。与前面的无分电器式双缸同时点火系统相比较，这种点火系统的主要特点有以下几点。

① 由于采用一个点火线圈对应着一个缸的火花塞，所以点火线圈的负载比双缸同时

点火系统小得多，因此可以大幅度提高 _____，从而使点火系统的点火能量更高，更加适应于 _____。

② 点火线圈次级输出不使用高压二极管，为防止初级电路在接通时，次级绕组产生的感应电动势在缸内误点火，要求 _____ 之间有 3～4 mm 的间隙，该间隙由安装托架来保证。

③ 取消了高压线，而由点火线圈直接向火花塞供电，因而 _____、效率高、电磁干扰少。

④ 由于点火线圈能安装在双凸轮轴的中间，所以节省了发动机周围的安装空间。

四、计算机控制点火系统

（一）计算机控制点火系统的基本原理

计算机根据 _____，判断出发动机各缸的活塞位置，并由这些脉冲信号计算出发动机转速值，再通过燃油喷射系统的节气门位置传感器或 _____ 确定负荷的大小，可对发动机的运行工况做出较为精确的判断。根据 _____，计算机从存储单元中查找对应工况的导通时间，由这些数据对电子点火器进行控制，从而实现点火系统的精确控制。

（二）与点火系统有关的主要传感器

1. 曲轴位置传感器

曲轴位置传感器（见图 3-5）是发动机集中控制系统中最重要的传感器之一，可提供发动机转速、曲轴转角、位置及活塞行程位置信号，以确定发动机的基本喷油及点火时刻。

曲轴位置传感器可分为 _____ 3 种类型。由于磁电式位置传感器结构简单、抗污能力和识别能力强，因此在现代汽车上广泛应用。

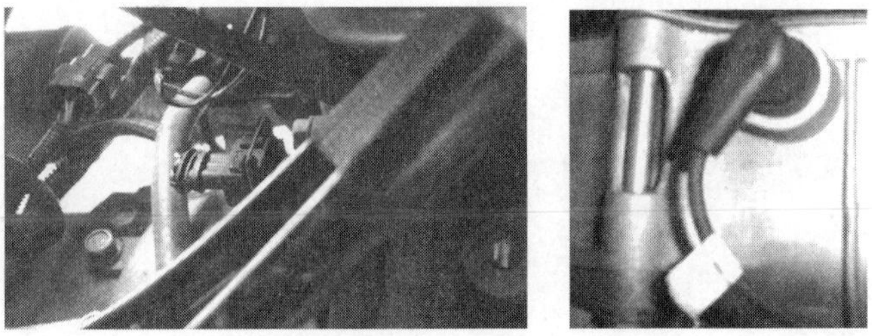

图 3-5　曲轴位置传感器安装图

（1）安装位置。

曲轴位置传感器安装在变速器壳上，拆卸及安装时应注意 _____，

并保证安装牢固。

（2）结构。

曲轴位置传感器为电磁感应式传感器，由 ＿＿＿＿＿＿＿＿＿＿＿＿＿＿ 等组成。

（3）作用。

曲轴位置传感器用来检测 ＿＿＿＿＿＿＿＿＿＿＿＿＿＿＿＿＿ ，将此信号输入发动机控制模块（ECU），以决定点火和喷油时刻。

（4）工作原理。

曲轴位置传感器利用磁场强弱来控制霍尔电压的有无，从而输出相应的频率信号，信号的有无取决于磁场的通断。当触发轮经过传感器时，会引起磁通量变化，便在线圈中产生一个交变电压信号，如图 3-6 所示，该信号的大小与 ＿＿＿＿＿＿＿＿＿＿＿＿ 。

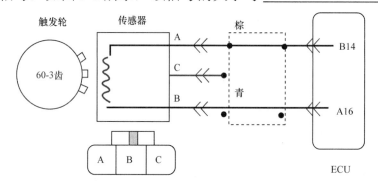

A—信号+；B—信号−；C—屏蔽层。

图 3-6　曲轴位置传感器的原理及电路图

2．凸轮轴位置传感器

（1）安装位置。

凸轮轴位置传感器安装在气缸盖凸轮轴端盖上，如图 3-7 所示。

图 3-7　安装位置图及实物图

（2）作用。

凸轮轴位置传感器的作用是 _____

_____

_____。

此外，凸轮轴位置信号还用于发动机启动时识别出第一次点火时刻。

（3）工作原理。

凸轮轴位置传感器可以测量出 _____，曲轴位置传感器可以测量出哪个缸的活塞正在上止点上，因此，两者一般是配合在一起工作的，其工作原理和曲轴位置传感器的工作原理基本相似。

凸轮轴位置传感器可用来监测 _____，以便 ECU 判定喷油器可以向哪个气缸喷油。对于每个曲轴位置，凸轮轴传感器信号的极性只能改变一次。

3．爆震传感器

（1）安装位置。

爆震传感器安装在气缸体上，用来检测 _____，将检测的信号输送至 ECU，在 ECU 内进行计算。

（2）作用。

爆震传感器的作用是检测发动机工作时是否产生爆震，并根据它的信号调整 _____

_____

_____。

（3）工作原理。

当发动机的气缸体出现振动时，_____

_____

_____。

当爆震发生时，在振动频率为 7kHz 左右时，振动振幅异常大，从这一点考虑，使爆震传感器在 7kHz 左右输出最高电压。ECU 只检出一定水平以上的爆震，通过确认超出该水平的程度就可以判定其爆震强度。

爆震传感器将检测到发动机爆燃的信号输送至 ECU，ECU 根据发动机爆燃情况做出是否滞后或提前点火的指令。爆震传感器可代替传统点火系统的点火提前装置。

爆燃是指燃烧中本应逐渐燃烧的部分可燃混合气突然自燃的现象，通常发生在离火花塞较远区域的末端混合气中。当火花塞跳火后，火焰开始传播，燃烧室内最后燃烧部分的末端气体受到已燃气体的压缩和热辐射，_____ 不断升高，当末端可燃混合气温度超过其发火温度时，即引起自燃，形成新的火焰核心，产生新的火焰传播。

4．进气歧管压力传感器

（1）安装位置。

如图 3-8 所示，进气歧管压力传感器（硅晶膜片式）安装在_____，ECU 根据 _____，并结合进气温度传感器信号确定发动机供油量。

图 3-8　进气歧管压力传感器电路图

（2）作用。

进气歧管压力传感器的作用是_____。

（3）工作原理。

进气歧管压力传感器主要由 _____ 组成，硅片由于受到进气压力的作用而变形，引起电阻值的变化，从而导致其输出电压发生变化。ECU 根据电压信号的变化，_____。在一定测量范围内，传感器受到的压力和测量信号（电压信号）呈线性关系，此即进气歧管压力传感器特性曲线。根据此特性曲线，ECU 将收到的电压信号换算成_____。传感器正常工作时，其引脚 A75 的输出电压应为 0.195～4.883V（对应进气压力为 15～120kPa）。

5．进气温度传感器

（1）作用。

进气温度传感器的作用是测定进气温度，使 ECU 能够计算出真实的进气量，进而修正基本喷油量。

（2）安装位置。

进气温度传感器安装在_____，如图 3-9 所示。

图 3-9　进气温度传感器的安装位置

（3）工作原理。

进气温度传感器的感温元件为_____

_____。ECU 根据进气温度信号对基本喷油量进行修正，修正量与温度成反比，其电路如图 3-10 所示（对进气温度传感器的感温元件来说，在 20～30℃的温度下时，其阻值为 1700～2500Ω）。

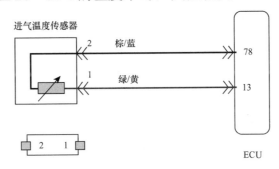

1—信号地；2—温度信号。

图 3-10　进气温度传感器电路

6. 节气门位置传感器

（1）作用。

节气门位置传感器用于检测节气门的开度，并将其_____

_____。

（2）安装位置。

节气门位置传感器安装在_____，如图 3-11 所示。

图 3-11　节气门位置传感器的安装位置

（3）工作原理。

节气门位置传感器主要由＿＿＿＿＿＿＿＿＿组成，滑片与节气门轴同转。节气门位置传感器实际为一个滑动电位计，输出与节气门开度成比例的电压信号。节气门位置传感器电路如图 3-12 所示。

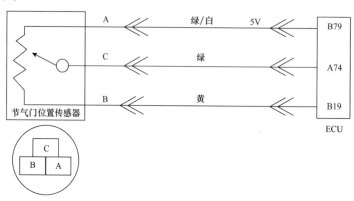

图 3-12　节气门位置传感器电路

7．水温传感器

（1）作用。

水温传感器的作用是测定冷却液温度，并向 ECU 输送对应的电信号，ECU 据此判别发动机处于什么工况（冷车、暖机、热机），进而修正＿＿＿＿＿＿＿＿＿＿＿＿＿＿＿＿＿＿＿。

（2）安装位置。

水温传感器安装在＿＿＿＿＿＿＿＿＿＿＿＿＿＿＿＿＿＿＿＿＿＿＿＿＿＿＿＿＿＿，如图 3-13 所示。

图 3-13　水温传感器的安装位置及实物图

（3）工作原理。

水温传感器内部是＿＿＿＿＿＿＿＿＿＿＿＿＿＿＿＿＿＿＿＿＿＿＿＿＿。当水温传感器的电阻值随冷却液的温度变化时，信号线上的电压也随之改变。水温越低，电阻越大，输出电压越高；水温越高，＿＿＿＿＿＿＿＿＿＿＿＿＿＿＿＿＿＿＿＿＿＿＿。

五、五菱 B 系列发动机汽车点火系统故障诊断与排除程序

五菱 B 系列发动机汽车点火系统电路图如图 3-14 所示。

（1）用万用表检查 _____。

（2）检查连接计算机板的 _____，
打开点火开关，发动机故障指示灯应亮，否则应检查_____。

（3）拔下高压线，打开点火开关，启动发动机，看高压线跳火情况。注意：在做跳火
试验时，一定要远离点火线圈。

（4）若高压线有跳火现象，则说明故障在 _____。

（5）当高压线无跳火现象时，打开点火开关，检查点火开关到点火线圈接头之间是否
有电，若无电，则说明电路连接断路；若有电，则应检查点火线圈的初级绕组与次级绕组，
若点火线圈完好，则应检查 ECU 与曲轴位置传感器。

（6）打开点火开关，启动发动机，用万用表 _____，应随着发动机
的转动而有电压信号输出，若无电压信号输出，则说明曲轴位置传感器损坏，应更换；
若有电压信号输出，则可能是 ECU 故障。

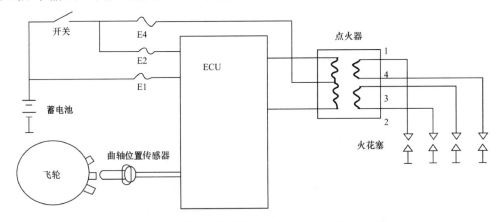

图 3-14　五菱 B 系列发动机汽车点火系统电路图

🔍 **判断题**

1．火花塞主要由接线螺母、绝缘体、接线螺杆、中心电极、侧电极及外壳组成。（　　）

2．点火线圈是点火装置中的核心组件，通常安装在汽车发动机气缸体上面。（　　）

3．点火开关的作用是接通或切断提供给点火系统的初级电流。　　　　　　（　　）

4．汽车上的蓄电池点火系统可分为电感放电式、电容放电式及电阻放电式。（　　）

5. 计算机控制点火系统主要根据曲轴位置传感器提供的位置信号控制点火。（　　）

6. 水温传感器内部是一个半导体热敏电阻，具有正的温度电阻系数。　　　　（　　）

选择题

1. 下列哪个不是发动机有效工作的必要条件（　　　）。

　　A. 足够高的压缩压力　　　　　　　B. 强大的火花

　　C. 浓度适当的混合气　　　　　　　D. 很高的电压

2. 火花塞中心电极与接地电极之间的间隙一般为（　　　）。

　　A. 0.6～1.0mm　　B. 1.0～1.5mm　　C. 1.5～2.0mm　　D. 2.0～3.0mm

3. 计算机根据曲轴位置传感器提供的曲轴位置信号判断出发动机各缸的（　　　）。

　　A. 温度　　　　　　B. 压力　　　　　　C. 活塞位置　　　　　　D. 功率

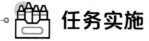 任务实施

找出五菱 B 系列发动机的主要传感器的位置，并测量电压和电阻。

一、节气门位置传感器

把红、黑表笔置于节气门位置传感器的 _____，改变节气门开度，观察读数变化情况，如图 3-15 所示。

图 3-15　测量节气门位置传感器

二、凸轮轴位置传感器

（1）用万用表的 _____ 测量凸轮轴位置传感器的电阻，如图 3-16 所示。

（2）用万用表的 _____ 测量凸轮轴位置传感器的电压，如图 3-17 所示。

图 3-16　测量凸轮轴位置传感器的电阻　　　图 3-17　测量凸轮轴位置传感器的电压

三、曲轴位置传感器

用万用表的 20kΩ 电阻挡测量_____，如图 3-18 所示。

图 3-18　测量_____

四、进气温度传感器

（1）用万用表的 20V 电压挡测量进气温度传感器的电压，如图 3-19 所示。

（2）用万用表的 20kΩ 电阻挡测量进气温度传感器的电阻，如图 3-20 所示。

图 3-19　测量进气温度传感器的电压　　　图 3-20　测量进气温度传感器的电阻

五、进气歧管压力传感器

（1）用万用表的 20kΩ 电阻挡测量进气歧管压力传感器的电阻，如图 3-21 所示。

（2）用万用表的 20V 电压挡测量进气歧管压力传感器的电压，如图 3-22 所示。

图 3-21　测量进气歧管压力传感器的电阻　　图 3-22　测量进气歧管压力传感器的电压

 拓展训练

一、发动机不能启动且无着车征兆

（1）故障现象：当接通启动开关时，起动机能带动发动机正常转动，但发动机不能发动，且无着车征兆。

（2）故障原因如下。

① _____

_____。

② _____

_____。

③ 系统油压故障。

④ 曲轴位置传感器故障。

⑤ _____。

⑥ 发动机气缸压缩压力过低。

⑦ ECU 故障。

（3）诊断流程：如图 3-23 所示。

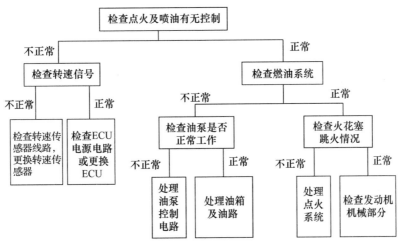

图 3-23　诊断流程

二、发动机不能启动，但有着车征兆

（1）故障现象：当接通启动开关时，起动机能带动发动机正常转动，有轻微的着车征兆，但不能启动。

（2）故障原因如下。

① 空气滤清器堵塞、进气系统漏气、排气系统堵塞。

② _____

_____。

③ 高压火花太弱、乱火。

④ 系统油压故障。

⑤ _____

_____。

⑥ 喷油器故障。

⑦ _____

_____。

⑧ 气缸压力太低。

（3）诊断流程：如图 3-24 所示。

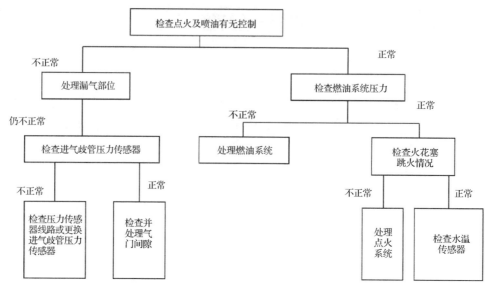

图 3-24　诊断流程

 故障诊断与排除

张先生准备开科鲁兹轿车去公司，打开点火开关后，起动机正常运转，但是汽车无法启动。请根据所学知识分析故障发生的原因并制定解决方案，根据方案排除故障（限点火部分）。

 问诊

根据客户陈述检查各故障点并按要求填写车辆检查问诊单（见表 3-1）。

表 3-1　车辆检查问诊单

客户姓名		车牌			
客户电话		车型			
维修顾问		车架号			
预计交车时间		行驶里程数		燃油表显示	
外观确认：		仪表故障信息：			
		其他：			

续表

客户陈述故障	
报检项目	
建议维修项目	
客户签字	服务顾问签字

二、制定维修方案

教师将学生分成若干小组，每组 5 人左右，每组选出一个组长，组长负责对组员进行任务分配，组员按照组长的要求完成相应的任务，并将所完成的任务内容填入个人任务工作表（见表 3-2）中。

表 3-2　个人任务工作表

序号	任务	个人任务	完成情况	教师或组长检验结果
1	张先生准备开科鲁兹轿车去公司，打开点火开关后，起动机正常运转,但是汽车无法启动。请根据所学知识排除相关故障			
2				
3				
4				

三、填写维修卡

根据检查的结果制定维修方案并按要求填写维修卡（见表 3-3）。

表 3-3　维修卡

服务专员		日期		制单人员	
工单号		进厂日期		发动机号	
车主		车主电话		车架号（VIN）	
地址					
车牌号		车型			

续表

检查结果		
维修方案	1.拆装	
	2.维修	
	3.更换	

维修人员签字		组长签字		指导教师签字	

四、填写维修工单

根据维修方案排除故障并按要求填写维修工单（见表3-4）。

表3-4　维修工单

服务专员		日期		制单人员	
工单号		进厂日期		发动机号	
车主		车主电话		车架号（VIN）	
地址					
车牌号		预定交车时间		质检	
车型		路试		洗车	
维修类别		进厂里程		保修结束里程	
维修项目	维修内容		工时	单价	金额
1.拆装					
2.修复					
3.喷漆					
4.更换					
5.机修					
6.四轮定位					
客户签字		维修技师签字		洗车技师签字	
		终检签字		维修经理签字	

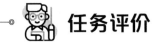 **任务评价**

教师及学生对本任务学习进行评价，并填写任务评价表（见表3-5）。

表 3-5 任务评价表

评价内容及评分标准		自我评价（打分）	小组相互评价（打分）	教师评价（打分）
信息收集（15 分）	理解任务或问题的程度（5 分）			
	收集信息的完整性（5 分）			
	对信息（知识）的领会程度（5 分）			
制订计划（20 分）	计划制订的参与程度（10 分）			
	计划的合理性及实用性（10 分）			
修改计划（15 分）	与教师讨论计划（5 分）			
	与教师讨论后，是否知道如何改进计划（5 分）			
	计划修改后的完整性（5 分）			
实施（20 分）	是否按计划进行工作（5 分）			
	是否亲自实施计划（5 分）			
	是否记录工作过程及结果（10 分）			
检查（15 分）	是否按计划的要求完成任务（5 分）			
	是否达到预期目标（5 分）			
	整个工作流程是否与标准流程符合（5 分）			
评价（15 分）	是否按计划完成了任务或解决了问题（5 分）			
	在哪个环节上可以改进（2 分）			
	学习团队的合作情况（3 分）			
	现场 7S 及劳动纪律（5 分）			
总分（100 分）				
总评				

 **技能考核**

各传感器的位置及测量考核（时间：30 分钟）

一体化项目（任务）考核评分表如表 3-6 所示。

汽车电气设备构造与维修 一体化工作页

表 3-6　一体化项目（任务）考核评分表

任课教师签字：

序号	考核内容	配分	评分标准	考核记录	扣分	得分
一	考前准备	2	备齐所需的工、量具及设备			
二	传感器的测量	15	1. 指出各传感器的位置			
		8	2. 测量节气门位置传感器的电阻、电压			
		8	3. 测量凸轮轴位置传感器的电阻、电压			
		8	4. 测量曲轴位置传感器的电阻、电压			
		8	5. 测量进气温度传感器的电阻、电压			
		8	6. 测量进气歧管压力传感器的电阻、电压			
		5	7. 测量水温传感器的电阻、电压			
		5	8. 测量爆震传感器的电阻、电压			
		5	9. 测量氧传感器的电阻、电压			
三	基础知识填空	15	1. 回答正确、书写工整、按时全部完成			
四	职业素养	5	1. 课堂纪律			
		5	2. 文明操作			
		3	3. 7S 管理			
五	时间要求	—	每超 1 分钟扣 1 分，超过 10 分钟者不予及格			
合计	—	100	—			

项目四

照明、信号、仪表及报警系统

照明、信号、仪表及报警系统的构造与检修

姓名：_____　　班级：_____　　日期：_____

复习与思考

基础知识填空

一　概述

汽车照明的发展大体上经过了 4 个阶段：_____ 的演变随着 _____ 的更迭而发生。

第一代汽车照明系统是由 _____（蜡烛、煤油或乙炔）直接 _____，存在发光效率 _____、_____、_____、_____ 等明显缺点，仅能满足早期车灯的要求。

第二代汽车照明系统是 _____。1879 年，_____ 发明白炽灯，汽车灯具发生了革命性的 _____。_____ 年，_____ 首先将白炽灯技术应用在 _____ 汽车前照灯上，从此汽车照明进入了 _____ 时代。接着，先后出现了汽车 _____、_____、_____ 和蓄电池等新技术，_____ 年开始，汽车真正进入 _____ 汽车灯具时代。20 世纪 50 年代又出现 _____，很快成为汽车强光源的主要 _____，替代 _____、_____，成为新型的汽车前照灯的光源。

第三代汽车照明系统是 _____（HID），具有 _____、_____ 和高可靠性等优点。

第四代汽车照明系统是 _____。当一个 _____ 施加于 PN 结两端时，载流子由 _____ 到高能态，当处于高能态的 _____ 回到低能态复合时，

根据 _____ 原理，多余的能量将以 _____，就是 LED 电致发光 _____。

二、照明、信号系统

请标出图 4-1 中主要的照明设备的名称。

图 4-1　汽车的灯光分布图

（一）汽车照明系统

1．前照灯

前照灯又称大灯或头灯，安装在汽车头部的 _____，是用来 _____ 的主要灯具，每辆车上装 _____ 只或 _____ 只，功率为 _____。

2．小灯

小灯又称 _____ 灯、_____ 灯或 _____ 灯，后面两只小灯也叫作 _____。它装在汽车前后两侧边缘的 4 个角上，主要用于夜间行车或停车时标示其轮廓和存在。前小灯的灯光为 _____ 或_____，后小灯为 _____，功率一般在 _____ 左右。

3．雾灯

每车装一只或两只雾灯，_____ 用来照明，安装位置 _____，一般离地面约 _____。雾灯灯光一律规定为黄色，因为黄色光线波长较长，所以有良好的透雾性能。雾灯灯泡功率为 _____。

4．转向灯

转向灯又称方向 _____，简称_____，安装在汽车的 _____。转向灯的作用是在 _____ 时，发出 _____ 的 _____ 信号，使前后车辆、行人等知道其行驶方向。转向灯的灯光为橙色，灯泡的功率一般不小于 20W。

5．喇叭

汽车在行驶时，按下 _____ 按钮，喇叭就会发出 _____，起到 _____ 行人和车辆的作用。

6. 制动灯

制动灯又称 _____，俗称"_____"，均装在汽车 _____。制动灯的用途是在 _____ 或 _____ 时，向车后发出灯光信号，以警告尾随的车辆或行人。制动灯规定为醒目的红色光，国家标准要求该灯在夜间应明显照亮 100m 以外的物体，灯泡功率应在 _____ 以上。

7. 倒车灯

汽车倒车灯有两个作用，一是向 _____ 和 _____ 发出倒车 _____（有的还加上倒车蜂鸣器）；二是提供 _____ 时照明，避免 _____。

8. 牌照灯

牌照灯一律装在汽车 _____ 的 _____，用途是 _____。牌照灯的标准是光束不应外射,保证在 25m 内能认清牌照上的号码。牌照灯的灯光为 _____，功率为 _____。

9. 仪表灯

仪表灯均装在汽车 _____，一般采用 _____ 式或 _____ 式灯具。仪表灯仅用于照亮仪表，灯光有白色和蓝色等多种，一般使用 _____ 的小灯泡。

10. 顶灯

顶灯装在 _____ 或 _____ 部，作为 _____ 用。顶灯灯光为 _____，功率为 _____。

11. 指示灯

指示灯的用途是指示有关 _____、_____、_____ 的技术状况，并对异常情况发出报警灯光信号。指示灯均装在仪表板上，灯光为红色、绿色或黄色，灯泡一般为 2W 的灯或 LED，现在主要有 _____、_____、充电指示灯、_____、低油压报警灯、水温过高报警灯及燃油存量过少报警灯。

（二）前照灯

1. 前照灯的基本要求

（1）前照灯是 _____ 的，因此，首先要求前照灯必须具有足够的 _____ 和 _____，在 _____ 行车时，车辆的前照灯可以发出 _____ 光，其中一种光亮度较强，发出的 _____，射程可以达到 _____ 以上，现代汽车照明达到 200～250m，这就是前照灯的远光，是主要的照明光线；而另外一种光亮度稍弱，发出的光线 _____ 的地面，射程

在 _____ 左右，这就是前照灯 _____ 的。远光灯的功率一般为 _____，近光灯的功率一般为 _____。

（2）前照灯必须有 _____ 的装置，以免在夜间行车时，使对方驾驶员炫目而造成 _____。

2. 前照灯的结构和类型

前照灯主要由 _____、_____ 和 _____ 组成。

（1）反射镜。

反射镜材料一般有 _____、_____、_____ 等，其表面形状为旋转抛物面，作用是把灯丝发出的大部分光线聚合变成平行光束射向前方，使得灯丝的发光强度 _____，从而照亮车辆前方 _____ 甚至更远的路面。

（2）配光镜。

我们看到的灯泡外面的 _____ 叫作配光镜，是由 _____ 压制成的 _____ 和 _____，也叫作 _____，作用是将 _____ 的 _____，使车辆前方附近的 _____ 和 _____ 都有良好的照明，使照明更加均匀。

前照灯有 _____ 和 _____ 之分，这是由灯泡中的 _____ 数量决定的。四灯制是指车辆的前照灯使用 _____，从外表上看就要有 _____ 的位置；两灯制是指车辆的前照灯使用 _____，从外表上看就只有 _____ 的位置，目前，多数车辆采用两灯制。

3. 前照灯灯泡类型

前照灯灯泡类型如图 4-2 所示。

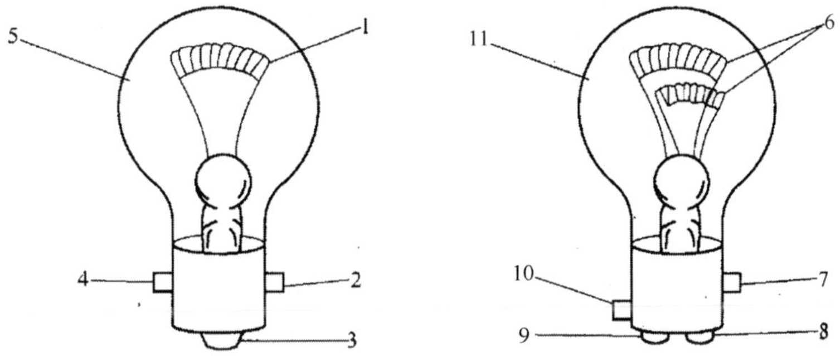

（a）单丝灯泡　　　　　　　　（b）双丝灯泡

1、6—灯丝；2、4、7、10—插口销钉；3、8、9—电触点；5、11—玻璃泡。

图 4-2　前照灯灯泡类型

（1）白炽灯。

白炽灯〔见图 4-3（a）〕是由一根 _____ 的 _____。当电流通过 _____ 时，它会 _____ 并发出白热光。在高温作用下，钨丝中的钨原子升华后沉积在相对较冷的灯泡玻璃上，时间长了就会有一层阴影，遮住光线的照射，灯的亮度会减弱，这就是所谓的黑化。灯泡使用的时间越长，升华的钨原子也会越来越多，钨丝也会越烧越细，最终被烧断。白炽灯在制造时，要 _____，然后充入 _____ 和 _____。在 _____ 内，由于 _____，这样可以 _____，所以能提高灯丝的温度，增强 _____，从而延长灯泡的 _____。

（2）卤素灯。

卤素灯解决了普通 _____ 的上述问题。卤素灯就是在灯泡内的 _____。卤族元素是 _____ 的元素，简称 _____，包括 _____ 等元素。卤素前照灯比传统的白炽前照灯 _____，而且发光强度也会比一般灯泡增强 _____。现在的卤素灯玻璃是用 _____ 制成的，又称为石英卤素灯，如图 4-3（b）所示，它可以承受很高的温度。目前，绝大部分汽车都采用 _____。

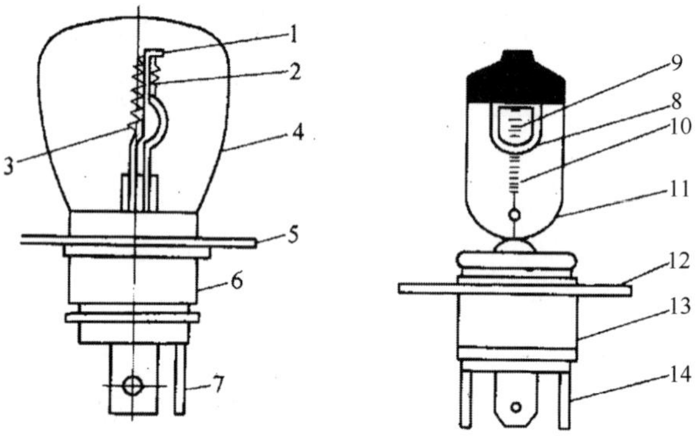

（a）白炽灯　　　　（b）石英卤素灯

1、8—配光屏；2、9—近光灯丝；3、10—远光灯丝；4、11—灯壁；5、12—定焦盘；

6、13—灯头；7、14—插片。

图 4-3　白炽灯和石英卤素灯

（3）氙气前照灯。

氙气前照灯的全称是_____，它发出的 _____ 与 _____ 非常相像。氙气前照灯由 _____、_____ 和 _____ 3 部分组成，如图 4-4 所示。

HID 是 _____，其发光原理是将 _____ 至 _____，通过 _____（灯泡内 _____，只充入 _____），使气体碰撞，产生犹如白昼般强烈的电弧光，接着将电压转成 8000V，持续稳定供应氙气灯泡发光。氙气前照灯的灯管是 _____，这其中就充满了 _____ 及少许 _____（或金属卤化物）。当 _____ 时，气体开始 _____，_____ 即处于 _____ 状态，使 _____ 而开始发光。电极间蒸发少量水银蒸汽，光源立即引起水银弧光放电，待温度上升后转入卤化物，弧光灯发出高达 4000K 以上色温的光。另外，_____ 的活动能力还会随着使用 _____，因此，氙气前照灯会 _____。

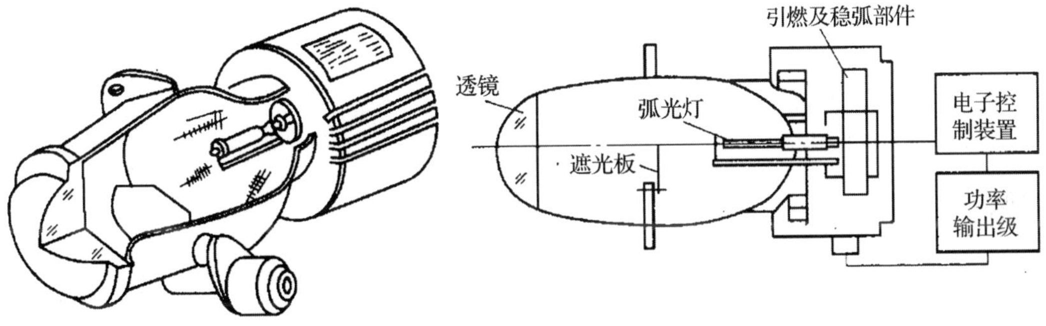

（a）外形　　　　　　　　　　　（b）原理示意图

图 4-4　氙气前照灯

4．前照灯电路

前照灯电路由 _____、_____、_____、_____ 及 _____ 组成。

（1）车灯开关。

现在车灯开关采用的是 _____（见图 4-5），这种组合开关兼有 _____、_____ 和 _____ 的作用。沿顺时针方向转动开关的尾端，就可以依次接通小灯和前照灯。组合开关控制杆有上、中、下 3 个位置，中、下位置是不变的：中位置是近光灯，将开关向下压，就可以由近光变换为远光；将开关从下位置向上扳到中位置，就可以由远光变换为近光；从中位置向上扳起，可以打开远光灯，一松手，_____，这种短时间的 _____ 可以作为 _____ 的信号；纵向前后扳动开关可以接通 _____ 转向灯。

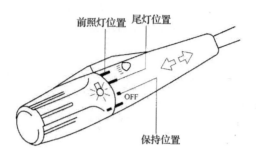

图 4-5　车灯开关

（2）继电器。

继电器在汽车电路中的应用很多，是一种根据 _____ 或 _____ 的电气元件。继电器按照工作原理可分为 _____ 和 _____，其中 _____ 应用多。

在汽车上如果没有前照灯继电器，就会带来以下不便。

① _____，_____。

② 由于 _____，_____ 的配线。

③ _____ 会在开关处 _____，从而 _____ 开关寿命，_____ 驾驶危险性。

（3）前照灯的工作原理。

下面以 CA1020 大灯电路图为例说明前照灯的工作原理，如图 4-6 所示。

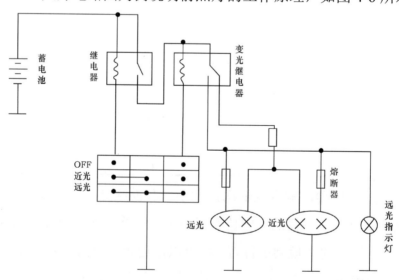

图 4-6　CA1020 大灯电路图

近光灯：将开关从"OFF"位置打到 _____，电流从 _____→_____→ _____→搭铁；_____→_____→_____→_____→_____→搭铁，形成回

路，近光灯工作。

远光灯：在 ＿＿＿＿＿＿＿ 将组合开关 ＿＿＿＿＿＿＿，＿＿＿＿＿＿＿ 从 ＿＿＿＿＿＿＿ → ＿＿＿＿＿＿＿ →组合开关→搭铁；电流从 ＿＿＿＿＿＿＿ → ＿＿＿＿＿＿＿ → ＿＿＿＿＿＿＿ →搭铁；电流从 ＿＿＿＿＿＿＿＿＿＿ → ＿＿＿＿＿＿＿＿＿ → ＿＿＿＿＿＿＿ → ＿＿＿＿＿＿＿ →搭铁，形成回路，远光灯工作。

（三）小灯与雾灯

小灯也叫作 ＿＿＿＿＿＿＿＿＿＿，也可以被看成是 ＿＿＿＿＿＿＿＿＿＿ 的一部分。小灯电路一般 ＿＿＿＿＿＿＿＿＿＿、＿＿＿＿＿＿＿＿＿＿ 和 ＿＿＿＿＿＿＿＿＿＿。CA1020 小灯电路如图 4-7 所示。

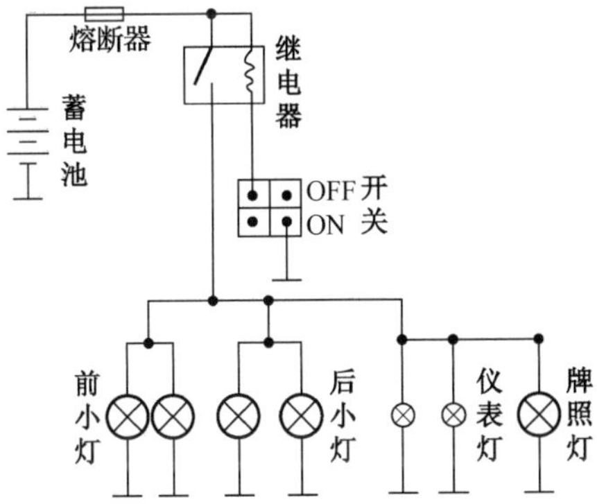

图 4-7 CA1020 小灯电路

小灯的工作过程如下。

将开关从"OFF"位置打到 ＿＿＿＿＿＿＿＿（"ON"）位置，电流从 ＿＿＿＿＿＿＿＿ → ＿＿＿＿＿ → ＿＿＿＿＿＿＿ →搭铁；＿＿＿＿＿＿＿ → ＿＿＿＿＿＿＿ → ＿＿＿＿＿＿＿ → ＿＿＿＿＿＿＿＿、＿＿＿＿＿＿＿ →搭铁，形成回路，＿＿＿＿＿＿＿＿＿＿＿＿＿＿＿＿＿＿＿ 点亮工作。

雾灯都是要跟 ＿＿＿＿＿＿＿＿＿＿ 在一起的，如图 4-8 所示（CA1020 雾灯电路）。雾灯采用 ＿＿＿＿＿＿＿＿＿＿ 的黄色光，主要用在有 ＿＿＿＿＿＿＿＿＿＿ 等恶劣情况下的行车照明。按照国家标准的规定，车辆至少应该具有和 ＿＿＿＿＿＿＿＿＿＿。

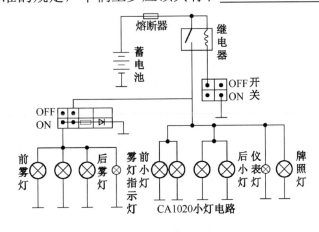

图 4-8 CA1020 雾灯电路

雾灯的工作过程如下。

在开着小灯的基础上，将 ＿＿＿＿＿＿＿＿＿＿＿＿ 打到"ON"位置，电流从蓄电池→

＿＿＿＿＿＿＿＿→＿＿＿＿＿＿＿＿→＿＿＿＿＿＿＿＿→＿＿＿＿＿＿＿＿→搭铁，形成回

路，＿＿＿＿＿＿＿＿工作。

（四）转向灯、危险警告灯

转转向灯和危险警告灯系统的主要部件有＿＿＿＿、＿＿＿＿、＿＿＿＿和＿＿＿＿，

其中，＿＿＿＿＿＿是最主要的部件。

1. 开关

转向灯和危险警告灯开关的外形如图4-9所示。向 ＿＿＿＿＿＿＿＿ 组合开关，就可以

＿＿＿＿＿＿＿＿＿＿转向灯电路；按 ＿＿＿＿＿＿＿＿ 或 ＿＿＿＿＿＿＿＿ "△"按钮

（＿＿＿＿＿＿＿＿按钮），就 ＿＿＿＿＿＿＿＿＿＿＿＿＿＿＿＿＿。

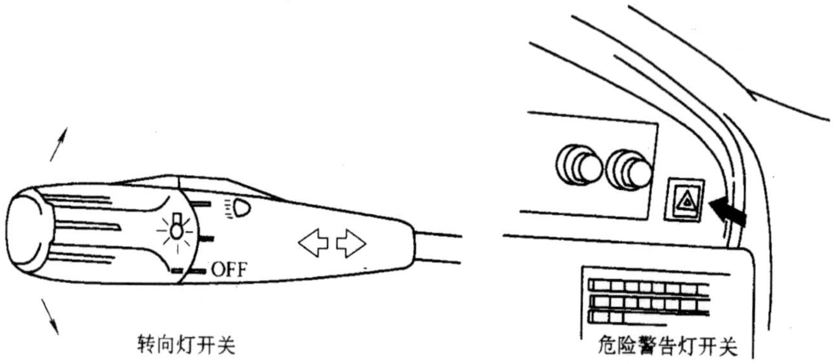

图4-9 转向灯和危险警告灯开关的外形

2. 闪光继电器

当转向系统或警告系统工作时，电流从 ＿＿＿＿＿＿＿＿＿＿→＿＿＿＿＿＿＿＿＿＿→＿＿＿

＿＿＿＿＿＿＿＿＿＿→＿＿＿＿＿＿＿＿＿＿→接地。其中，＿＿＿＿＿＿＿＿＿＿的作用是

使 ＿＿＿＿＿＿＿＿和＿＿＿＿＿＿＿＿按照预定的 ＿＿＿＿＿＿＿＿＿＿＿＿。一般转向灯

的 ＿＿＿＿＿＿＿＿为每分钟 ＿＿＿＿＿＿＿＿次，以每分钟 ＿＿＿＿＿＿＿＿次为最佳。常用

的汽车闪光继电器有 ＿＿＿＿＿＿＿＿式（俗称电热式）、＿＿＿＿＿＿＿＿等多种，其

中，＿＿＿＿＿＿式和＿＿＿＿＿＿式应用较多。

电子式闪光继电器主要由 ＿＿＿＿、＿＿＿＿和 ＿＿＿＿等构成一个 ＿＿＿＿电路，

利用晶体管的 ＿＿＿＿＿＿＿＿和 ＿＿＿＿＿＿＿＿＿＿电路，使转向灯发

出 ＿＿＿＿＿＿的 ＿＿＿＿＿＿。

触点式电子闪光继电器的工作原理如下。

当汽车右转弯时，电流由 ＿＿＿＿＿＿＿＿→＿＿＿＿＿＿＿→＿＿＿＿＿

＿＿＿＿＿→＿＿＿＿＿＿＿→＿＿＿＿＿＿＿→＿＿＿＿＿＿＿→

＿＿＿＿＿＿＿＿→＿＿＿＿＿＿＿＿→搭铁→蓄电池负极，构成回路。

当 ＿＿＿＿＿＿＿ 时，在 R_1 上产生电压降，＿＿＿＿＿＿ 因偏置电压而导通，集电极电流流经 ＿＿＿＿＿ 的线圈，其上产生的 ＿＿＿＿＿，右转向灯 ＿＿＿＿＿。

3．转向灯、危险警告灯的工作过程

下面以五菱小旋风汽车带闪光继电器的转向灯电路为例进行说明，如图 4-10 所示。

（1）转向灯的工作过程：当汽车左转弯时，电流由蓄电池正极→＿＿＿＿＿→＿＿＿＿＿→

＿＿＿＿＿→＿＿＿＿＿→＿＿＿＿＿→＿＿＿＿＿→搭铁→蓄电池负极，构成回路，左转向灯闪光工作。

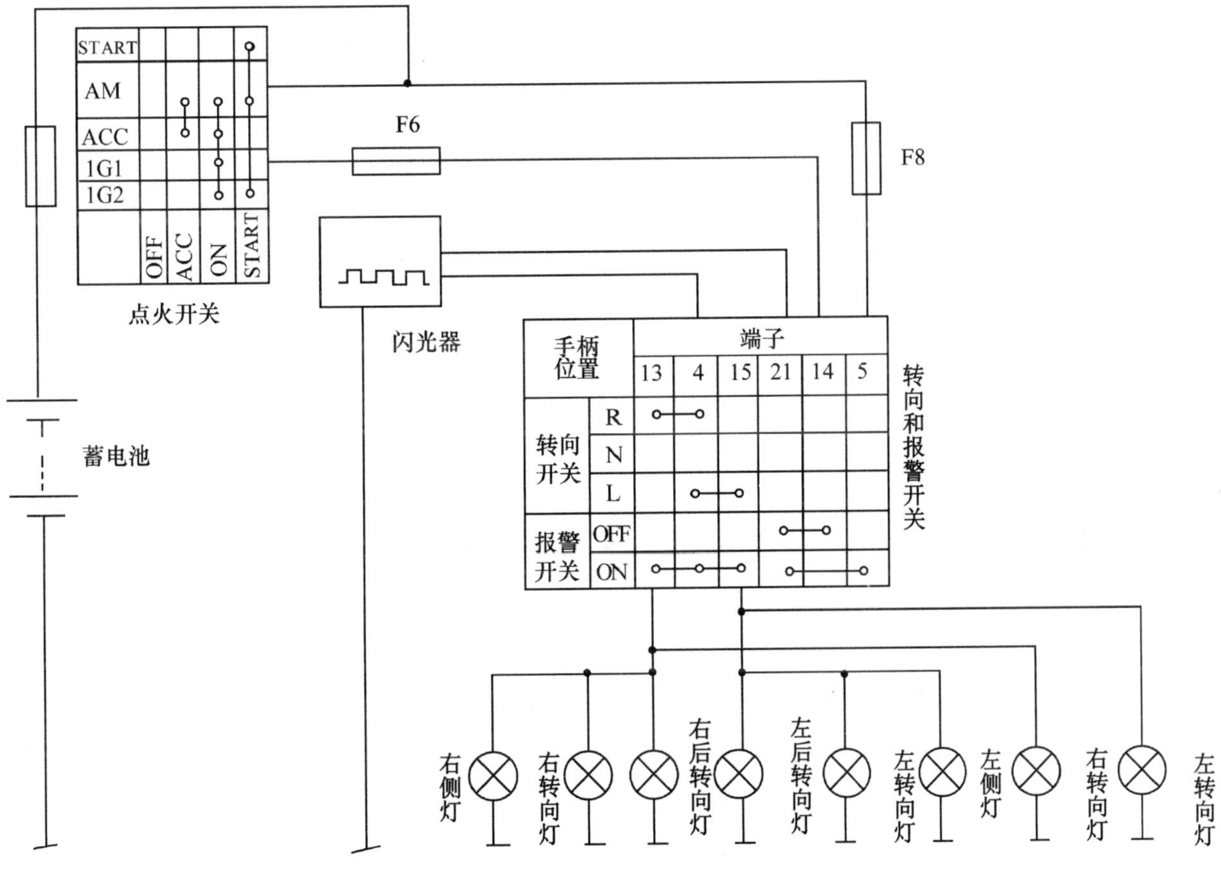

图 4-10　五菱小旋风汽车带闪光继电器的转向灯电路

（2）危险警告灯的工作过程：电流由蓄电池正极→＿＿＿＿＿＿＿→＿＿＿＿＿＿＿→

＿＿＿＿＿→＿＿＿＿＿→＿＿＿＿＿→搭铁→蓄电池负极，构成回路，危险警告灯闪光工作。

（五）声音信号

如图 4-11 所示，＿＿＿＿＿就是指汽车在行驶时，按下 ＿＿＿＿＿，＿＿＿＿＿就会发出 ＿＿＿＿＿，起到警告 ＿＿＿＿＿ 和 ＿＿＿＿＿ 的作用。

汽车电气设备构造与维修 一体化工作页

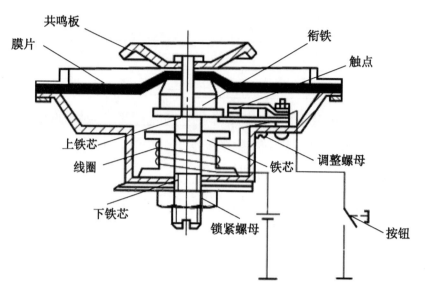

图 4-11 声音信号

喇叭的工作原理如下。

当按下 _____ 时，进入喇叭的 _____，由蓄电池"+"→_____→

_____→_____→搭铁，构成 _____。线圈

后 _____，_____，使 _____，_____，_____，

其 _____，_____ 在膜片弹力的作用下 _____，_____。如此反

复 _____，便 _____ 连续振动辐射发声。

（六）制动灯

制动灯的作用是 _____ 和 _____ 要 _____ 或 _____。制动灯开关一

般和 _____ 相连。当踩下 _____ 时，开关 _____，接通 _____。一般来

讲，制动灯应该和 _____ 在同一高度，为了起到更好的 _____，小型车的后面都

配有 _____。制动灯电路如图 4-12 所示。

熔断器　　　　　　　　　　　制动灯

制动灯开关

图 4-12 制动灯电路

当车辆需要刹车时，驾驶员踩下 _____，使汽车 _____。在这个过程

中，电流流经蓄电池正极→_____→_____→_____→搭铁→蓄电池负极，

构成回路。制动灯不受 _____ 的控制，只受 _____ 的控制，而制动灯开关一般

都与 _____ 相连，不设单独的。

104

（七）倒车灯

汽车倒车灯的作用是 _____ 时照明，当倒车灯 ____ 时，示意汽车正在 _____。倒车灯开关和 _____ 相连。当汽车挂 _____ 时，倒车灯的 _____，接通 _____ 电路。倒车灯电路如图 4-13 所示。

图 4-13　倒车灯电路

当挂上倒挡时，电流流经 _____ → _____ → _____ → _____ → _____ → 搭铁，构成回路。倒车灯受 _____ 控制，只有点火开关处于"_____"位置才能接通倒车灯电路。

三、仪表与报警电路

（一）仪表系统的组成

1. 指示灯

驾驶员座位前方的仪表板上装有 _____，这些仪表的作用是便于驾驶员掌握车辆和 _____ 的各种状况。汽车驾驶室操纵件及 _____ 的图形标志如下。

（1）_____ 指示灯，其图形标志如图 4-14 所示。

图 4-14　_____ 指示灯的图形标志

该指示灯显示 _____ 是否完全 _____，_____ 打开或未能关闭时，相应的指示灯亮起，提示车主 _____，_____ 后熄灭，

（2）_____ 指示灯，其图形标志如图 4-15 所示。

图 4-15　_____ 指示灯的图形标志

_____ 时，此指示灯点亮；_____ 被放下时，该指示灯自动熄灭。在有的车型上，当_____ 不足时，此指示灯会亮。

（3）_____ 指示灯，其图形标志如图 4-16 所示。

图 4-16 _____指示灯的图形标志

它是显示 _____ 的指示灯，接通 _____ 后亮起，_____ 后熄灭。如果 _____ 或常亮不灭，则应立即检查。

（4）_____ 指示灯，其图形标志如图 4-17 所示。

图 4-17 _____指示灯的图形标志

它是显示刹车盘片磨损情况的指示灯。正常情况下 _____，点亮时提示车主应及时更换故障或磨损过度的刹车片，修复后熄灭。

（5）_____ 指示灯，其图形标志如图 4-18 所示。

图 4-18 _____指示灯的图形标志

它是显示发动机机油压力的指示灯，当本指示灯亮起时，表示润滑系统失去压力，可能有渗漏，此时需要立即停车，关闭发动机并进行检查。

（6）_____ 指示灯，其图形标志如图 4-19 所示。

图 4-19 _____指示灯的图形标志

它是显示发动机冷却液温度过高的指示灯，当此指示灯点亮报警时，应立即停车并关闭发动机，待冷却至 _____。

（7）_____ 指示灯，其图形标志如图 4-20 所示。

图 4-20 _____指示灯的图形标志

它是显示安全气囊工作状态的指示灯，接通电门后点亮，3～4s 后熄灭，表示系统正常，不亮或常亮表示 _____。

（8）_____ 指示灯，其图形标志如图 4-21 所示。

图 4-21 _____指示灯的图形标志

它在接通电门后点亮，3～4s 后熄灭，表示 _____ ；若不亮或长亮，则表示系统故障，此时可以继续低速行驶，但应避免急刹车。

（9）_____ 灯（故障灯），其图形标志如图 4-22 所示。

图 4-22 _____灯的图形标志

它是指示发动机工作状态的指示灯，接通电门后点亮，_____，发动机正常；不亮或长亮表示发动机故障，需要及时进行检修。

（10）_____ 指示灯，其图形标志如图 4-23 所示。

图 4-23 _____指示灯的图形标志

它是提示燃油不足的指示灯，当该指示灯亮起时，表示 _____，一般从该指示灯亮起到燃油耗尽之前，车辆还能行驶约 50km。

（11）_____ 指示灯，其图形标志如图 4-24 所示。

图 4-24 _____指示灯的图形标志

它是显示风挡清洗液存量的指示灯，如果 _____，则该指示灯点亮，提示车主及时添加清洗液，添加清洁液后，指示灯熄灭。

（12）_____ 指示灯，其图形标志如图 4-25 所示。

图 4-25 _____指示灯的图形标志

本指示灯多见于大众公司的车型中，当车辆开始自检时，_____，随后熄灭，出现故障后本指示灯亮起，应及时进行检修。

（13）_____ 指示灯，其图形标志如图 4-26 所示。

图 4-26 _____指示灯的图形标志

该指示灯用来显示前后雾灯的工作状况，当前后雾灯接通时，两指示灯均点亮，左侧的是 _____ 显示，右侧为后 _____。

（14）_____ 指示灯，其图形标志如图 4-27 所示。

图 4-27 _____指示灯的图形标志

当转向指示灯亮时，相应的转向灯 _____。在按下双闪警示灯按键时，两指示灯同时亮起，转向灯熄灭后，指示灯自动熄灭。

（15）_____ 指示灯，其图形标志如图 4-28 所示。

图 4-28　_____指示灯的图形标志

它用来显示大灯是否处于远光状态，通常情况下，该指示灯为 _____。在远光灯接通和使用远光灯瞬间点亮功能时亮起。

（16）_____ 指示灯，其图形标志如图 4-29 所示。

图 4-29　_____指示灯的图形标志

它是显示安全带状态的指示灯，按照车型不同，_____，或者直到系好安全带才熄灭，有的车型还会有声音提示。

（17）_____ 指示灯，其图形标志如图 4-30 所示。

图 4-30　_____指示灯的图形标志

该指示灯用来显示自动挡的 _____ 的工作状态，当它闪亮时，说明 O/D 挡已锁止。

（18）_____ 指示灯，其图形标志如图 4-31 所示。

图 4-31　_____指示灯的图形标志

该指示灯用来显示车辆空调系统的工作状态，平时为_____。当打开内循环按钮而关闭外循环时，该指示灯自动点亮。

（19）_____ 指示灯（危险警告灯），其图形标志如图 4-32 所示。

图 4-32 _____指示灯的图形标志

该指示灯用来显示车辆示宽灯的工作状态，平时为熄灭状态，当示宽灯打开时，该指示灯随即点亮，说明该车有 _____。在大雨或大雾中行驶一般需要打开示宽灯。

（20）_____ 指示灯，其图形标志如图 4-33 所示。

图 4-33 _____指示灯的图形标志

该指示灯用来显示车辆 _____，多出现在日系车上。当该指示灯点亮时，说明 VSC 系统已关闭。

（21）_____ 指示灯，其图形标志如图 4-34 所示。

图 4-34 _____指示灯的图形标志

该指示灯用来显示车辆 _____ 的工作状态，多出现在欧系车上。当该指示灯点亮时，说明 TCS 系统已关闭。

2．仪表

仪表板（见图 4-35）上装有各种计量、_____ 等。过去的车辆多采用指针式仪表来显示车辆状况，现在的车辆上越来越多地使用数字式电子仪表。仪表板上的主要仪表有以下几种。

（1）燃油表，用来显示油箱中的 _____。

（2）水温表，用来显示发动机冷却液的 _____。

（3）车速表，包括显示 _____、显示车辆行驶总里程的里程表，以及可以根据需要复位归零的短行程里程表。

（4）转速表，显示发动机 _____，单位为 r/min。

图 4-35　仪表板

（二）常用仪表的工作原理

在介绍常用仪表前，先介绍一下双金属元件和稳压器。这两种元件在仪表中使用得非常多。

双金属元件是由_____组成的，外面缠绕有发热线圈。当发热线圈中有电流流过时，线圈产生的热量使双金属臂向热膨胀系数较小的一端弯曲；断开电源以后，双金属臂得以 _____，这就是双金属元件的工作原理。

电源的电压波动会对双金属型仪表产生影响，使得 _____，在显示器上就表现为显示值有误差。为了避免这种误差，仪表内装有稳压器。

（三）电流表

电流表用来指示蓄电池的充电和放电电流值，常用的有电磁式、动磁式和磁片线圈式等。

下面以动磁式电流表为例进行说明。

动磁式电流表由以下部件组成：_____，两端与电源正、负极接线极柱相连，中间夹有 _____，与导电板固定在一起的针轴上装有指针和永久磁铁转子（简称磁钢指针）。

在没有电流通过时，磁钢指针通磁轭构成 _____，使指针保持在中间"0"位置；当电流流过 _____时，在导电板的周围就产生了磁场，使浮装在导电板中心的磁钢指针向负方向旋转偏移，指示放电电流的大小。

（四）燃油表

燃油表的显示器中装有一个双金属元件，而传感器中则装有一个 _____，如图 4-36 所示。当将点火开关打至"ON"位置时，电流通过显示器内的稳压器和热敏电阻，然后经传感器中的滑线电阻接地。当电流通过显示器中的热敏电阻时，热敏电阻发热，使双金属元件弯曲，其 _____ 成正比。

电流强度的大小是由 _____。如图 4-36 所示，浮子式可变滑线电阻包括一个可随燃油液面高度的高低而上下浮动的浮子、一个内置滑线电阻传感器及一条浮子臂。电阻滑线的接触位置随着 _____，从而改变电阻值。

当燃油液位较高的时候，电阻的阻值较低，因此电流强度较大，这时热敏电阻发出较高的热量，使双金属元件弯曲，指针朝 _____ 字样一侧移动。

当燃油液位较低的时候，电阻的阻值较大，因此 _____，这时热敏电阻发出较低的热量，使双金属元件变形较小，指针只偏移较小的角度。

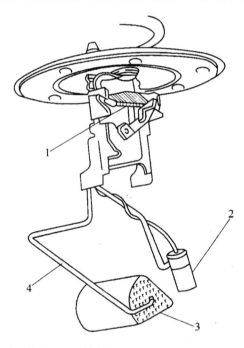

1—滑线电阻传感器；2—热敏电阻；3—浮子；4—浮子臂。

图 4-36　浮子式可变滑线电阻

（五）机油压力表

机油压力表可以显示 _____，使驾驶员了解润滑系统的故障。机油压力表也是一种双金属型仪表，如图 4-37 所示。

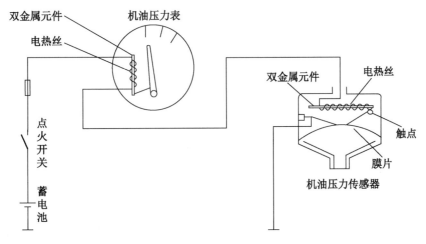

图 4-37 机油压力表及传感器

在传感器中，双金属元件上有一些触点，这些触点可以根据流经显示器电热丝的电流强度推动仪表指针。当机油压力为 0 时，这些触点 _____ ，闭合点火开关，没有电流经过触点，指针不动。在机油压力低时，膜片推动触点产生轻微的接触，电流流经传感器和显示器间的电热丝。

（六）机油压力报警灯电路

如图 4-38 所示，一般来讲，机油压力报警灯采用 _____ ，传感器内的膜片承受机油压力，活动触点受膜片的移动控制。当点火开关处于 ON 位置但还没有启动发动机时，机油压力报警灯点亮，因为膜片未受到压力，所以触点保持闭合状态，线路接通至接地。

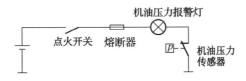

图 4-38 机油压力报警灯电路

（七）水温表

双金属电阻型水温表的显示器中也使用了双金属元件，而传感器部分则采用了热敏电阻，如图 4-39 所示。双金属电阻型水温表的工作原理与双金属型燃油表的工作原理相同。

图 4-39 双金属电阻型水温表

热敏电阻是一种类似 _____，由半导体材料混合烧制而成，组成材料主要有锰、钴、镍、铁、铜和钛等金属的氧化物，其特点是电阻值会随着温度的变化而发生很大的变化。当温度升高时，普通电阻的电阻值增大，而热敏电阻的电阻值则减小。普通电阻的电阻值在温度上升几百摄氏度时只增大为常温下的 2 倍，但热敏电阻不同，极小的温度上升都会使其电阻值迅速减小。

（八）发动机冷却液温度报警灯

冷却液温度报警灯一般采用 _____温度传感器，如图 4-40 所示，由 _____ 和一个由_____ 共同组成一对触点。双金属片随着 _____，活动触点_____。当温度较高时，双金属片的 _____，_____，电路接通 _____，报警灯就点亮了。

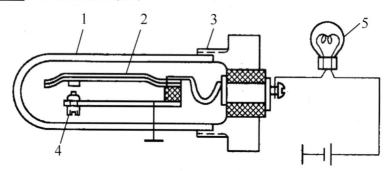

1—水温传感器套筒；2—双金属片；3—螺纹接头；4—活动触点；5—冷却液温度报警灯。

图 4-40 发动机冷却液温度报警灯传感器

这种报警系统采用常开式开关，当点火开关在 ON 位置时，灯是不亮的。一般为了确定灯泡良好，可以在电路中增设探测电路。

点火开关在 START 位置时，探测电路通过点火开关接通报警灯至搭铁的回路。这样，在发动机启动时，报警灯点亮，提示报警灯灯泡在正常工作。

（九）车速和里程表

车速和里程表用来指示 _____，可分为 _____ 和 _____ 两种。

机械传动磁铁式车速里程表使用 _____ 和 _____ 相连，变速器的输出轴带动车速表的软轴在 _____（见图4-41），软轴带动 _____，表芯内是相连的 _____。永久磁铁外面套有一个铝杯，车速表的指针就 _____。车速表的指针和软轴之间没有任何机械连接。

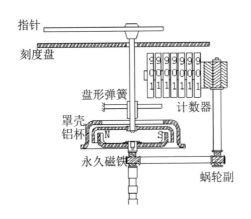

图 4-41　机械传动磁铁式车速里程表

（十）发动机转速表

发动机转速表的作用是 _____，_____。一般发动机转速表接收 _____，火花塞 _____。火花塞发火频率与 _____，转速表内的电路将 _____，加至作为发动机转速表使用的电压表。

（十一）报警灯

目前，仪表中的报警灯越来越多，各个电气系统都有 _____，每次车辆在启动时，这些报警灯都会 _____。这些报警灯的耗电量都很低，它们其实是用发光二极管（LED）做成的。

1. 制动液面警告灯

制动液面警告灯的开关的原理是利用两个永久磁铁的平衡保持舌簧开关的位置。当舌簧开关两侧液面高度相同时，舌簧开关处于 _____，当制动系统 _____，该侧的永久磁铁即 _____，磁场方向的改变使 _____，_____，警告灯点亮。

2. 充电指示灯

充电指示灯用来代替电流表。对于多数车辆，当 _____ 时，充电指示灯点亮；当发电机开始 _____。少数车辆反之。

（十二）电子显示组合仪表

电子显示组合仪表的用途和功能与指针式仪表基本相同，都利用各种传感器采集信号并把这些信号转换为各类仪表中的显示数据，使驾驶员可以确定车辆的行驶速度、_____、_____、燃油量及车辆的其他情况。不同之处在于 _____，并将这些数据用数字或条形图的方式显示出来。

1. 电子显示组合仪表的特点

（1）易于辨认。

现代汽车的电子化程度越来越高，其中包含着＿＿＿＿＿＿＿，而电子显示组合仪表将这些电子信息以＿＿＿＿＿＿＿，将车辆情况及时提供给驾驶员，方便驾驶员及时处理各种情况。

（2）精确度高。

传统的指针式仪表显示的是＿＿＿＿＿＿＿，而电子显示仪表显示的是＿＿＿＿＿＿＿，而且信息刷新得很快，甚至有些系统的＿＿＿＿＿＿＿＿＿＿＿＿。

（3）可靠性高。

由于电子显示组合仪表中没有任何可动部件，所以＿＿＿＿＿＿＿＿＿＿＿＿。

（4）使每个测量仪表和计量仪表都具有最佳的显示形式。

电子显示组合仪表使用了＿＿＿＿＿＿＿＿＿＿＿＿＿＿＿＿＿等多种表示方法，使驾驶员可以对车辆的状况一目了然，并做出及时调整。

2. 各种仪表的组成和工作原理

电子显示组合仪表包括＿＿＿＿＿＿＿、＿＿＿＿＿＿＿、＿＿＿＿＿＿＿、＿＿＿＿＿＿＿等开关信号，以及＿＿＿＿＿＿＿、＿＿＿＿＿＿＿或＿＿＿＿＿＿＿等显示元件。

（1）车速表。

车速表传感器为＿＿＿＿＿＿＿，车速信号被＿＿＿＿＿＿＿，计算机根据＿＿＿＿＿＿＿，并控制荧光显示器显示计算机输出的车速。

例如，光电式车速表传感器（见图4-42）由常规的车速表软轴驱动，软轴带动开有方孔的轮子在＿＿＿＿＿＿＿＿＿＿＿＿。由于轮子反复＿＿＿＿＿＿＿＿＿＿＿＿，所以光电晶体管便发出一连串的＿＿＿＿＿＿＿＿＿。集成电路将＿＿＿＿＿＿＿＿＿＿＿＿＿＿＿＿＿。将每秒钟脉冲数换算成mph（英里/小时）或直接换算成km/h（千米/小时），以数字的形式显示在显示器上。

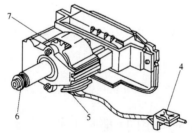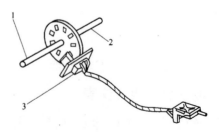

1—车速表软轴；2—接里程表；3、5—光电式传感器；4—从光电式传感器接至仪表的插头；

6—车速表软轴连接器；7—带方孔的轮子。

图4-42 光电式车速表传感器

（2）转速表。

转速表传感器信号是 _____，计算机接收

后 _____，_____，将发动机的转速以 _____。

（3）水温表。

水温表传感器电阻 _____，使得 _____。计算机检测

到 _____，便将其与 _____，然后在荧光显示器上显示出来。

（4）燃油表。

燃油表传感器浮子位置随 _____，使得 _____。计算机将

检测到的 _____，在 _____。如果按

下 _____，则能够使燃油 _____，松开开关，这

种 _____。

（5）水温表。

水温表的输入信号来自 _____。当发动机 _____，电阻

的 _____，导致 _____，此时在仪表上显示 _____。

热敏电阻的阻值 _____，输入给 _____，在仪表上显示

的 _____。当冷却液温度 _____，微处理器便提示驾驶员注

意 _____。

判断题

1. 为了保证汽车夜间行驶的安全，以及提高其行驶速度，在汽车上装有多种照明设备和灯光信号装置。　　　　　　　　　　　　　　　　　　　　　　　　　（　　）

2. 转向灯的作用是在汽车转弯时发出明暗交替的闪光信号，使前后车辆、行人等知道其行驶方向。　　　　　　　　　　　　　　　　　　　　　　　　　　　　　（　　）

3. 雾灯灯光一律规定为黄色，因为黄色光线波长较短，所以有良好的透雾性能。（　　）

4. 目前，绝大部分汽车都采用了卤素前照灯，因为卤素灯比其他灯亮。　　（　　）

5. 氙气分子的活动能力随着使用时间的加长而趋于活泼，因此，氙气灯会越用越亮。

　　　　　　　　　　　　　　　　　　　　　　　　　　　　　　　　　　（　　）

 选择题

1. 在夜间行车时，车辆的前照灯发出的强光线射向远方，射程可以达到（　　）以上。

　　A．50m　　　　　　B．60m　　　　　　C．80m　　　　　　D．100m

2. 在夜间行车时，车辆的近光灯发出的光线的射程在（　　）左右。

　　A．50m　　　　　　B．60m　　　　　　C．80m　　　　　　D．100m

3. 国家标准要求制动灯在夜间应明显照亮（　　）以外的物体。

　　A．60m　　　　　　B．80m　　　　　　C．100m　　　　　　D．150m

4. 汽车在行驶过程中，（　　）灯点亮，汽车可能会出现拉缸现象。

　　A．驻车指示灯　　　B．机油指示灯　　　C．ABS 指示灯　　　D．燃油指示灯

5. 制动灯的作用有（　　）。

　　A．警告后方车辆和行人　　　　　　　　B．警告前方车辆和行人

　　C．警告右方车辆和行人　　　　　　　　D．警告左边车辆和行人

任务实施

一、继电器的检测

（1）用万用表的蜂鸣挡测量继电器的 _____，如图 4-43 所示。

（2）用万用表的蜂鸣挡测量继电器的 _____，如图 4-44 所示。

 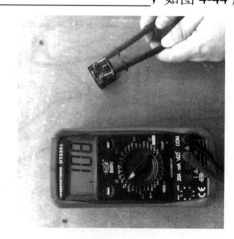

图 4-43　测量继电器的_____　　　　图 4-44　测量继电器的_____

二、给出图 4-46 中各图标的作用

（1）燃油表（见图 4-45 中的左一），用来显示 ＿＿＿＿＿＿＿＿＿＿＿＿＿＿＿。

（2）水温表（见图 4-45 中的右一），用来显示发动机冷却液的 ＿＿＿＿＿＿＿＿＿＿＿＿＿。

（3）车速表（见图 4-45 中的左二），包括显示车速的时速表、显示车辆行驶总里程的里程表及可以根据需要复位归零的短行程里程表。

（4）转速表（见图 4-45 中的右二），显示发动机 ＿＿＿＿＿＿＿＿＿＿＿＿＿＿＿。

图 4-45　仪表板

 故障诊断与排除

国庆节期间，何先生开着 2015 款卡罗拉轿车去旅游，在回家的路上，发现远光灯不亮、制动灯也不亮。请根据所学知识分析故障发生的原因并制定解决方案，根据方案排除故障。

 问诊

根据客户陈述检查各故障点并按要求填写车辆检查问诊单（见表 4-1）。

表 4-1　车辆检查问诊单

客户姓名		车牌			
客户电话		车型			
维修顾问		车架号			
预计交车时间		行驶里程数		燃油表显示	

外观确认:	仪表故障信息:
	其他:

客户陈述故障	
报检项目	
建议维修项目	

客户签字		服务顾问签字	

三、制定维修方案

教师将学生分成若干小组，每组 5 人左右，每组选出一个组长，组长负责对组员进行任务分配，组员按照组长的要求完成相应的任务，并将所完成的任务内容填入个人任务工作表（见表 4-2）中。

表 4-2　个人任务工作表

序号	任务	个人任务	完成情况	教师或组长检验结果
1	国庆节期间，何先生开着			
2	2015 款卡罗拉轿车去旅游，			
3	在回家的路上,发现远光灯不亮、制动灯也不亮。请根据所			
4	学知识排除相关故障			

三、填写维修卡

根据检查的结果制定维修方案并按要求填写维修卡（见表 4-3）。

表 4-3　维修卡

服务专员		日期		制单人员	
工单号		进厂日期		发动机号	
车主		车主电话		车架号（VIN）	
地址					
车牌号		车型			
检查结果					
维修方案	1.拆装				
	2.维修				
	3.更换				
维修人员签字		组长签字		指导教师签字	

四、填写维修工单

根据维修方案排除故障并按要求填写维修工单（见表 4-4）。

表 4-4　维修工单

服务专员		日期		制单人员	
工单号		进厂日期		发动机号	
车主		车主电话		车架号（VIN）	
地址					

续表

车牌号		预定交车时间		质检	
车型		路试		洗车	
维修类别		进厂里程		保修结束里程	
维修项目	维修内容		工时	单价	金额
1.拆装					
2.修复					
3.喷漆					
4.更换					
5.机修					
6.四轮定位					
客户签字		维修技师签字		洗车技师签字	
		终检签字		维修经理签字	

 任务评价

教师及学生对本任务学习进行评价，并填写任务评价表（见表4-5）。

表4-5　任务评价表

评价内容及评分标准		自我评价（打分）	小组相互评价（打分）	教师评价（打分）
信息收集（15分）	理解任务或问题的程度（5分）			
	收集信息的完整性（5分）			
	对信息（知识）的领会程度（5分）			
制订计划（20分）	计划制订的参与程度（10分）			
	计划的合理性及实用性（10分）			
修改计划（15分）	与教师讨论计划（5分）			
	与教师讨论后，是否知道如何改进计划（5分）			
	计划修改后的完整性（5分）			
实施（20分）	是否按计划进行工作（5分）			
	是否亲自实施计划（5分）			
	是否记录工作过程及结果（10分）			
检查（15分）	是否按计划的要求完成任务（5分）			
	是否达到预期目标（5分）			
	整个工作流程是否与标准流程符合（5分）			

续表

评价内容及评分标准		自我评价（打分）	小组相互评价（打分）	教师评价（打分）
评价（15分）	是否按计划完成了任务或解决了问题（5分）			
	在哪个环节上可以改进（2分）			
	学习团队的合作情况（3分）			
	现场7S及劳动纪律（5分）			
总分（100分）				
总评				

 技能考核

照明、信号、仪表的测量考核（时间：30分钟）

一体化项目（任务）考核评分表如表4-6所示。

表4-6 一体化项目（任务）考核评分表

任课教师签字：

序号	考核内容	配分	评分标准	考核记录	扣分	得分
一	考前准备	2	备齐所需的工、量具及设备			
二	传感器的测量（70分）	15	1. 指出各照明灯的位置			
		8	2. 说出仪表盘各指示灯的含义			
		8	3. 测量远光灯的电路（从组合开关、继电器到灯泡）			
		8	4. 测量近光灯的电路（从组合开关、继电器到灯泡）			
		8	5. 测量转向灯的电路（从组合开关到灯泡）			
		8	6. 测量刹车灯的电路（从组合开关到灯泡）			
		5	7. 测量倒车灯的电路（从组合开关到灯泡）			
		5	8. 测量示宽灯的电路（从组合开关到灯泡）			
		5	9. 测量变光继电器			
三	基础知识填空	15	1. 回答正确、书写工整、按时全部完成			
四	职业素养（13分）	5	1. 课堂纪律			
		5	2. 文明操作			
		3	3. 7S管理			
五	时间要求	—	每超1分钟扣1分，超过10分钟者不予及格			
合计	—	100	—			

辅助电气设备

辅助电气设备的构造与检修

姓名：_____   班级：_____   日期：_____

复习与思考

基础知识填空

刮水器

1. 电动刮水器的结构及组成

为在各种使用条件下保证风挡玻璃表面_____、_____，使驾驶员视觉效果_____，在车辆上安装了_____、_____和_____。

请标注如图 5-1 所示的电动刮水器的各零部件的名称。

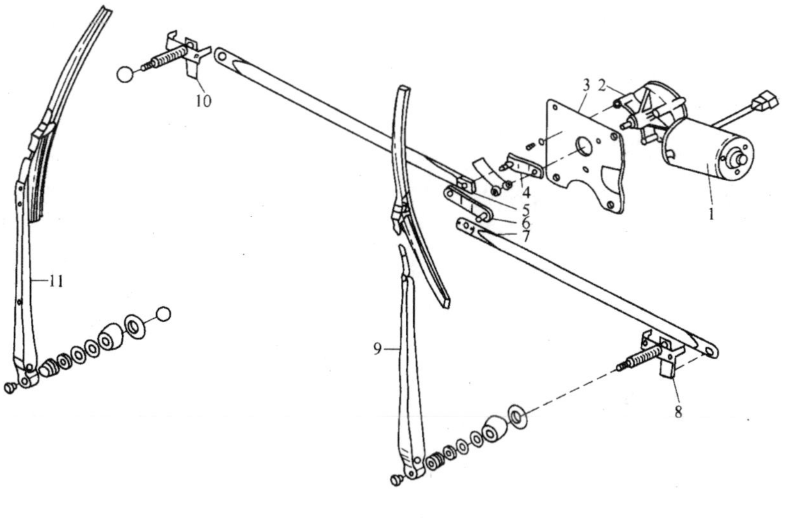

1—_____；2—_____；3—_____；4、6—_____；5、7—_____；
8、10—_____；9—_____；11—_____。

图 5-1 电动刮水器

2．刮水器电动机的分类

刮水器电动机按其磁场结构来分，有 _____ 式和 _____ 式两种。目前，采用永磁式电动机较多，因为它的磁场为 ____，具有 ____、____、____、____、____ 等特点，所以在大多数汽车上被采用。

3．标注如图 5-2 所示的永磁式电动机各零部件的名称

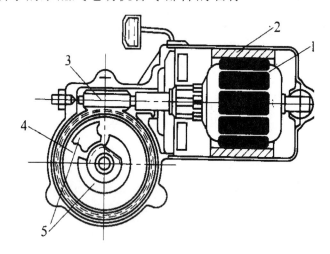

1—_____；2—_____；3—_____；4—_____；5—_____。

图 5-2　永磁式电动机

4．永磁式电动刮水器的工作过程

永磁式电动刮水器的磁场强度是 _____ 的，它利用 _____ 改变 _____ 的线圈数，实现 _____，其结构如图 5-3 所示，请标注各零件的名称。

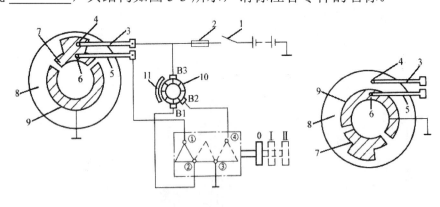

（a）　　　　　　　　　　　　　　（b）

1—_____；2—_____；3、5—_____；4、6—_____；7、9—_____；

8—_____；10—_____；11—_____。

图 5-3　永磁式电动刮水器的结构

在直流电动机减速器蜗轮 8（由尼龙制成）上嵌有铜环，此铜环分两部分，其中面积较大的一片 9 与电动机外壳相连接（搭铁）。触点臂 3、5 用 _____ 或其他弹性材料制成，其一端分别铆有 _____ 4、6。由于触点臂 3、5 具有 _____，因此，当蜗轮 8 转动时，触点 4、6 与蜗轮 8 的端面（包括铜环 7、9）保持 _____。

当开关接通且把刮水器开关置于 I 挡（低速）时，电流经 _____ → _____ 1→熔丝 2→ _____ B3→ _____ → _____ → _____ → _____ → _____ →搭铁→蓄电池负极，形成 _____，电动机以 _____ 运转。

当将刮水器开关置于 II 挡（高速）时，电流经蓄电池正极→电源总开关 1→熔丝 2→电刷 B3→ _____ → _____ → _____ ④→ _____ → _____ ③→ _____ →蓄电池负极，形成 _____，电动机以_____ 运转。

当将刮水器开关置于 0 挡（停止）时，如果刮水器的橡皮刷没有停到规定的位置，由于触点 6 与铜环 9 接通，则电流继续流入电枢。此时电流经蓄电池正极→电源总开关 1→熔丝 2→电刷 B3→电枢→电刷 Bl→ _____ ②→ _____ → _____ 1→触点臂 5→ _____ → _____ →搭铁→蓄电池负极，形成回路，电动机以_____ 运转，直至蜗轮旋转到如图 5-3（a）所示的"特定位置"。触点 4 和触点 6 通过铜环 7 接通，由于电枢转动时的惯性，电动机不能立即停下来，因而电动机以发电机运行而发电。因为电枢绕组产生的反电动势的方向与外加电压的方向相反，所以电流经电刷 B3→ _____ →触点 4→铜环 7→触点 6→ _____ → _____ → _____ → _____ →电刷 B1，形成回路，产生 _____，电动机迅速 _____，使橡皮刷复位到风挡玻璃的下部。

5．间歇控制

当汽车在 _____ 或 _____ 行驶时，因为风挡玻璃表面形成的是 _____，所以如果刮水器的刮片按一定速度 _____，风挡玻璃上的水分和灰尘就会形成发黏的表面，这样不但不能将风挡玻璃刮干净，反而使 _____，影响驾驶员的 _____。为避免上述情况，在现代多数轿车刮水器中设置了间歇继电器。工作时，将刮水器开关拨至间歇工作挡位，刮水器便在间歇继电器的控制下，按每停止 _____ 刮水一次的规律自动 _____ 和 _____，使驾驶员获得良好的 _____。

二、风挡玻璃洗涤装置

1．作用

风挡玻璃刮水器的作用是将 _____、_____、_____ 及其他污物刮去，

但在 _____ 和 _____ 时，如果风挡玻璃上 _____ 而干刮，就很难刮净，甚至会划伤 _____。因此，现代轿车及部分载货汽车上都安装有 _____ 装置。该装置与 _____ 配合使用，使汽车 _____ 系统更加完善。

2．结构及组成

风挡玻璃洗涤装置有 _____ 式、_____ 式和 _____ 式 3 种，轿车上大多数采用电动式。电动式风挡玻璃洗涤装置的组成如图 5-4 所示，标注图中零部件的名称。

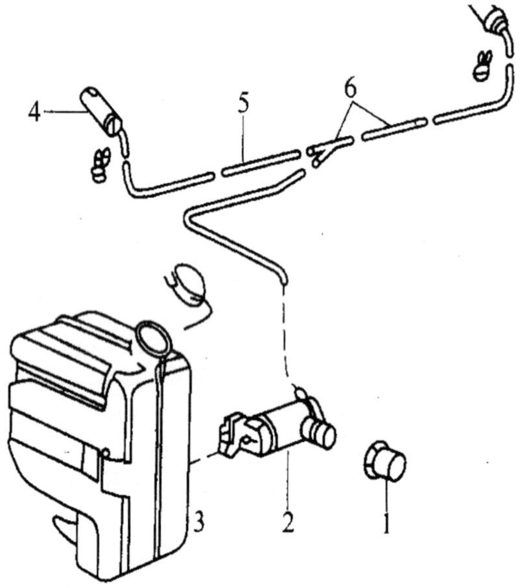

1—_____；2—_____；3—_____；4—_____；5—_____；6—_____。

图 5-4　电动式风挡玻璃洗涤装置的组成

储液罐由塑料制成，内盛有用水、酒精或洗涤剂等配制的清洗液。有些储液罐上装有 _____，以便监视储液罐 _____ 的多少。

清洗泵俗称喷水电动机，作用是将清洗液加压，通过 _____ 和 _____ 到风挡玻璃 _____。它由一个永磁式电动机和液压泵组成。

三、电动车窗与安全带

1．作用

电动车窗利用 _____ 驱动 _____，使车窗玻璃 _____，方便驾驶员和乘客，降低疲劳强度。

2．电动车窗的构造

请标注如图 5-5 所示的轿车电动车窗中的各控制开关名称。

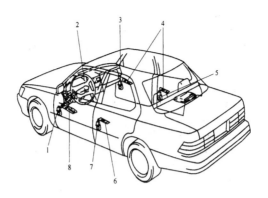

1、3、5、7—_____；2—点火开关；4、6—_____；8—_____。

图 5-5　轿车电动车窗中的各控制开关

电动车窗的驱动装置由 _____ 和 _____ 组成，目前，大部分轿车的每个车窗都装有一个 _____，通过开关控制它的 _____，使车窗 _____。

3．电动车窗控制电路

所有车窗系统都装有两套 _____，一套装在 _____ 或 _____ 的后部，为 _____，由驾驶员控制每个车窗 _____；另一套分别装在每个 _____，为 _____，可由 _____ 进行操纵。

图 5-6 所示为轿车 _____ 电路，电动车窗电源由 _____ 和 _____ 控制。接通任一车门电动车窗时，_____，电流经 _____、_____、_____、_____ 控制开关、电动车窗的 _____ 后回到电动车窗控制开关，通过主控开关上相应的车窗控制开关及 _____ 搭铁，构成回路，使 _____。断开车窗开关后，除驾驶侧车门电动车窗能控制外，其余 3 个车门的 _____ 均被锁止。

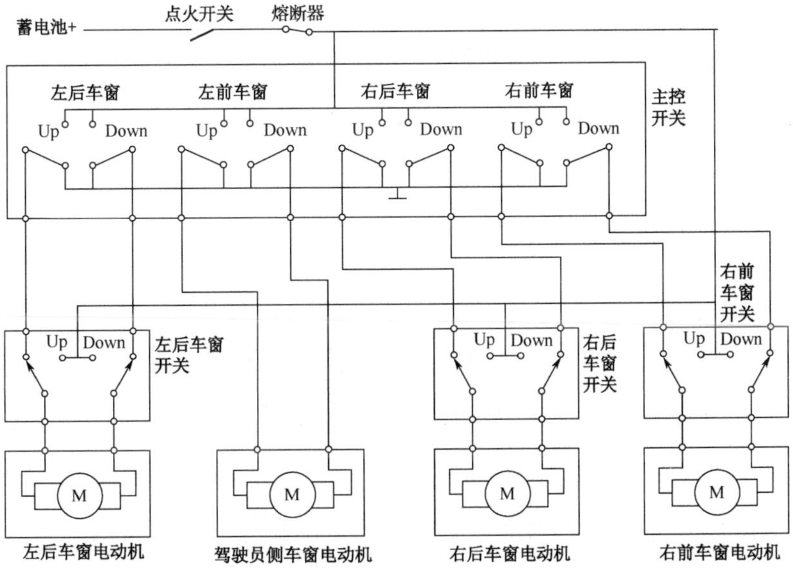

图 5-6　轿车_____电路

4．安全带

汽车安全带（见图 5-7）就是在汽车上用于 _____ ，以及 _____ 在车身受到 _____ 时，防止乘客被 _____ 时伤害的装置。

图 5-7　安全带实物图

安全带的装置里面有：_____、_____、_____、_____、_____、_____ 等零部件。

汽车安全带常见的类型如下。

① _____ 安全带。

② _____ 安全带。

③ _____ 安全带。

④ _____ 安全带（赛车用）。

⑤ _____ 安全带。

安全带作用的过程：如果 _____ 的拉动安全带，如在发生车祸的情形下，那么里面的卡子会由于安全带滚轮的快速转动而被离心力带出，迅速将安全带锁死，把座位上的人员固定在 _____ 。待冲击峰值过去，或者人已经能受到安全气囊的保护时，安全带就会适当放松以免压 _____ 。安全带的以上一系列动作达到保证 _____ 目的。

四、电动后视镜

1．电动后视镜的作用

后视镜用来反映 _____ 、 _____ 和 _____ 的情况，使驾驶员能够看清必要的间接视界，是汽车重要的安全部件。后视镜分外后视镜和内后视镜。内后视镜安装在车身内部，驾驶员可方便地对其进行调节；而外后视镜安装在 _____ ，有的安装在 _____ ，有的安装在 _____ 。外后视镜距离驾驶员 _____ ，调整它的位置比较困难，特别是前排乘客车门一侧的 _____ 。因此，大部分轿车都把后视镜做成 _____ ，以便通过控制开关对后视镜进行控制，如图 5-8 所示，请标注图中零件的名称。

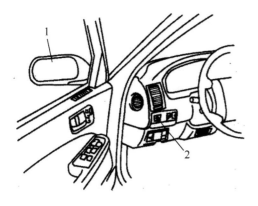

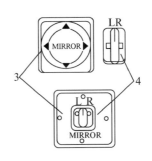

（a）后视镜　　　　　　　　　　（b）控制电动后视镜

1—_____；2—_____；3—_____；4—_____。

图 5-8　电动后视镜

2．电动后视镜的组成及结构

轿车的电动后视镜由 _____、_____、_____ 和 _____ 等组成。每个后视镜均有两套 _____，驾驶员可通过 _____ 和 _____ 进行操纵。

如图 5-9 所示，对镜面的角度进行 _____、_____ 和 _____、_____，调节范围为 20°～30°。

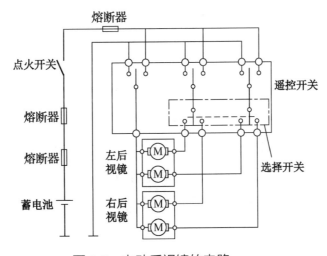

图 5-9　电动后视镜的电路

五、防盗系统

汽车防盗系统是为 _____ 或车上的 _____ 所设的系统。它由电子控制的 _____ 或 _____、_____、_____ 和 _____ 等组成。最早的汽车门锁是机械式门锁，只用于汽车行驶时防止车门自动打开而发生意外，只起行车安全作用，不起防盗作用。随着计算机技术的高速发展，整个系统向着 _____、_____、_____ 的方向发展。

（一）组成

汽车防盗系统由防盗 ECU、故障警告灯、_____、_____ 的点火钥匙（送码器）、_____、_____、_____ 电路、_____ 电路、高压自卫电路和报警声响电路等组成。

（二）结构

目前，汽车防盗系统按其结构可分为五大类，即机械式防盗系统、芯片式防盗系统、_____ 式防盗系统、_____ 式防盗系统、生物识别防盗系统。

1. 汽车机械式防盗系统

汽车机械式防盗系统有 3 种产品：一是 _____，闭锁后 _____；二是 _____，闭锁时 _____；三是 _____，是用于 _____ 的一种防盗型油路开关。

2. 汽车电子式防盗系统

汽车电子式防盗系统是目前在车辆中应用最广的汽车防盗系统之一，分为单向和双向两种。单向的汽车电子防盗系统的主要功能是：车的 _____、_____ 或 _____ 等，也有一些品牌的产品根据 _____ 的 _____ 增加了一些 _____，用 _____ 来完成发动机 _____、_____ 等。双向可视的电子防盗系统相比单向的先进不少，能彻底让车主知道 _____ 的情况，当车有 _____ 时，同时遥控器上的 _____ 会显示汽车遭遇的状况；缺点是有效范围只有 _____ m。

3. 芯片式数码防盗系统

发动机防盗锁止系统（IMMO）是在通用的 VATS 基础上发展起来的，在防盗原理上传承了 VATS 的思路，即利用钥匙中芯片的密码与启动电门中的密码进行匹配来控制发动机的启动，以达到防盗的目的。对于装有发动机 _____ 系统的汽车，即使有人打开 _____ 也不能 _____ 开走。

工作原理：在点火钥匙内装有 _____，每个 _____ 都装有固定的 ID，只有 _____ 的 ID 与 _____ 的 ID _____ 时，汽车才能 _____，如果不一致，则发动机无法启动。当车主转动钥匙 _____ 时，基站发射低频信号开始认证过程。_____ 端应答器工作能量由基站低频信号提供，在认证过程中，置于钥匙中的 _____ 首先发送自身的 ID，通过基站芯片的验证，_____ 会发出一串随机数和 MAC 地址，同时应答器做出回应。为了提高安全性，每次发送的信号都是经过 _____ 的数据。

IMMO 主要通过引擎控制单元 ECU 控制发动机，整个方案包括低频收发器、MCU、稳压器和通信接口芯片（如 CAN、LIN 收发器）。在尺寸的限制下，NXP 推出新一代的单芯片解决方案，将这些芯片用一块专用 IC 来实现。芯片包括 LIN 收发器、稳压器及数字逻辑单元，实现了 _____ 的远程 ECU 通信，只需 _____（Power、GND 和 LIN）就可以实现 IMMO 功能。

4．GPS 网络式防盗系统

GPS 的工作原理是利用接收 _____ 与地面 _____ 和 GPS 信号接收机组成全球定位系统，卫星连续不断发送动态目标的 _____、_____ 和 _____ 信息。保证车辆在地球上的任何 _____、任何 _____ 都至少能收到 _____ 发出的信号。GPS 主要是靠 _____ 或 _____ 来达到防盗目的的，同时可通过 GPS _____ 系统，将报警处和报警车辆所在位置无声地传送到报警中心。因此，只要每辆移动车辆上安装的 _____ 车载机能正常的工作，再配上相应的 _____（如 GSM 移动通信网络和电子地图），建立一个 _____ 和 _____ 目标发出的报警与位置信号的监控室，就可以形成一个卫星定位的移动目标监控系统。

5．生物识别防盗系统

指纹锁是利用 _____ 不同的 _____ 特征制成的一种汽车门锁。制作时，先在锁内录入车主的 _____，如图 5-10 所示。当车主 _____ 时，只要将手指往 _____ 一按，如果 _____ 相符，那么车门即开。眼睛锁是利用 _____ 来控制的汽车门锁。这种锁内设有 _____ 识别和 _____ 系统，车主在开锁时，只需凑近门锁 _____，当 _____ 与 _____ 相吻合时，车门会 _____；缺点是价格昂贵。一般使用这种防盗系统的都是 _____ 轿车，经济型轿车一般不需要安装如此高档的 _____ 系统。

图 5-10　指纹锁

判断题

1. GPS 网络式汽车防盗系统也就是 GPS，利用卫星定位系统对汽车进行监控。（   ）

2. 芯片式数码防盗系统利用钥匙中芯片的密码与启动电门中的密码进行匹配来防盗。

（   ）

3. 安全座椅能保护驾乘人员的安全，防止乘客被其他东西伤害。   （   ）

4. 风挡玻璃刮水器能将附着在风挡玻璃上的雨水、积雪、尘埃及飞漆刮干净。（   ）

5. 后视镜用来看车辆前后方、侧方和下方的情况，驾驶员能够看清必要的间接视界。

（   ）

选择题

1. 后视镜有两套电动机驱动机构，驾驶员通过选择开关，可对镜面进行上下、左右调节，调节范围为（   ）。

A．10°～15°   B．15°～20°   C．20°～30°   D．30°～40°

2. GPS 网络式汽车防盗系统也就是 GPS，利用卫星定位系统对汽车进行监控，其作用有（   ）。

A．远程断油   B．远程制动   C．远程启动   D．远程锁车

3. 下列哪些性能不是电子式汽车防盗装置的功能（   ）。

A．发出蜂鸣声   B．发出灯光信号   C．远程锁车   D．发出警笛声

 任务实施

车门玻璃与升降器的更换步骤

（1）车门玻璃与升降器的更换必须用胶带纸将_____进行贴护。

（2）拆卸门锁内拉手，如图 5-11 所示。

图 5-11　拆卸门锁内拉手

（3）拆卸_____，如图 5-12 所示。

图 5-12　拆卸门扶手

（4）拆卸车门内饰板，如图 5-13 所示。

图 5-13　拆卸车门内饰板

（5）拆卸车门附件，如图 5-14 所示。

图 5-14　拆卸车门附件

（6）用扳手拆卸车门升降玻璃的固定螺栓，如图 5-15 所示，将玻璃从车门里面拿出来。

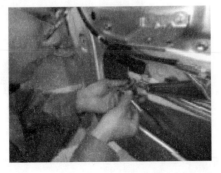

图 5-15　拆卸车门升降玻璃的固定螺栓

（7）用扳手拆卸玻璃升降器螺栓，取出＿＿＿＿＿＿＿＿＿＿，如图 5-16 所示。

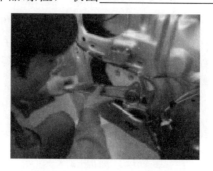

图 5-16　取出升降器总成

（8）更换新的玻璃及玻璃升降器，按照与拆卸相反的顺序将所有的零部件安装到位。

 故障诊断与排除

刘先生在停车场将车停好后，发现右侧后车窗的玻璃无法升降，反复按升降开关都没有反应。请根据所学知识分析故障发生的原因并制定解决方案，根据方案排除故障。

 问诊

根据客户陈述检查各故障点并按要求填写车辆检查问诊单（见表 5-1）。

表 5-1　车辆检查问诊单

客户姓名		车牌			
客户电话		车型			
维修顾问		车架号			
预计交车时间		行驶里程数		燃油表显示	
外观确认：		仪表故障信息：			
		其他：			

续表

客户陈述故障	
报检项目	
建议维修项目	
客户签字	服务顾问签字

二、制定维修方案

老师将学生分成若干小组，每组 5 人左右，每组选出一个组长，组长负责对组员进行任务分配，组员按照组长的要求完成相应的任务，并将所完成的任务内容填入个人任务工作表（见表 5-2）中。

表 5-2 个人任务工作表

序号	任务	个人任务	完成情况	教师或组长检验结果
1	刘先生在停车场将车停好后，发现右侧后车窗的玻璃无法升降，反复按升降开关都没有反应。请根据所学知识排除相关故障			
2				
3				
4				

三、填写维修卡

根据检查的结果制定维修方案并按要求填写维修卡（见表 5-3）。

表 5-3 维修卡

服务专员		日期		制单人员	
工单号		进厂日期		发动机号	
车主		车主电话		车架号（VIN）	
地址					
车牌号		车型			

汽车电气设备构造与维修 一体化工作页

续表

检查结果		
维修方案	1.拆装	
	2.维修	
	3.更换	
维修人员签字	组长签字	指导教师签字

四、填写维修工单

根据维修方案排除故障并按要求填写维修工单（见表5-4）。

表5-4　维修工单

服务专员		日期		制单人员	
工单号		进厂日期		发动机号	
车主		车主电话		车架号（VIN）	
地址					
车牌号		预定交车时间		质检	
车型		路试		洗车	
维修类别		进厂里程		保修结束里程	
维修项目	维修内容		工时	单价	金额
1.拆装					
2.修复					
3.喷漆					
4.更换					
5.机修					
6.四轮定位					
客户签字		维修技师签字		洗车技师签字	
		终检签字		维修经理签字	

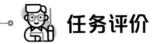

任务评价

教师及学生对本任务学习进行评价，并填写任务评价表（见表5-5）。

表5-5　任务评价表

评价内容及评分标准		自我评价（打分）	小组相互评价（打分）	教师评价（打分）
信息收集（15分）	理解任务或问题的程度（5分）			
	收集信息的完整性（5分）			
	对信息（知识）的领会程度（5分）			
制订计划（20分）	计划制订的参与程度（10分）			
	计划的合理性及实用性（10分）			
修改计划（15分）	与教师讨论计划（5分）			
	与教师讨论后，是否知道如何改进计划（5分）			
	计划修改后的完整性（5分）			
实施（20分）	是否按计划进行工作（5分）			
	是否亲自实施计划（5分）			
	是否记录工作过程及结果（10分）			
检查（15分）	是否按计划的要求完成任务（5分）			
	是否达到预期目标（5分）			
	整个工作流程是否与标准流程符合（5分）			
评价（15分）	是否按计划完成了任务或解决了问题（5分）			
	在哪个环节上可以改进（2分）			
	学习团队的合作情况（3分）			
	现场7S及劳动纪律（5分）			
总分（100分）				
总评				

项目六

汽车空调系统

姓名：_____ 班级：_____ 日期：_____

复习与思考

基础知识填空

一、汽车空调系统的功能

1．调节车内温度

汽车空调系统利用其_____和_____调节车内空气的温度，使其保持在一个人体感觉适宜的范围。

2．调节车内空气的流速和方向

汽车空调系统可以调节车内出风口的位置、出风的方向及风量的大小。车内空气的流速和方向对人体的舒适度影响较大，夏季气流速度稍大有利于人体降温，但过大的风速直接吹到人体上，会使人感到不舒服，舒适的气流速度一般在_____左右；冬季风速过大会影响人体保温，一般为 0.15～0.25m/s。根据人体生理特点，头部对冷比较敏感，脚部对热比较敏感，因而在布置空调出风口时，应将冷风吹到驾乘人员的头部，将暖风吹到驾乘人员的脚部。

3．调节车内湿度

汽车空调系统能将车内的_____调节到人体感觉适宜的范围。汽车空调通过制冷装置进行冷却降温，去除空气中的水分，再由_____降低空气中的湿度。目前，汽车上一般未安装加湿装置，故只能通过开车窗或通风设备进行车内外的通风调节。

4．净化车内空气

由于车内空间较小，当人员较多时，车内易出现缺氧和二氧化碳浓度过高的情况，加上发动机排出的废气和道路上的灰尘等都容易进入车内，因此，要求汽车空调具有补充车内新鲜空气、对空气进行过滤净化和杀菌消毒的功能。

此外，汽车空调系统还能除去风挡玻璃上的雾、霜、冰、雪，给驾驶员一个清晰的视野，确保行车安全。

二、汽车空调系统的组成

请标注如图 6-1 和图 6-2 所示的零部件的名称。

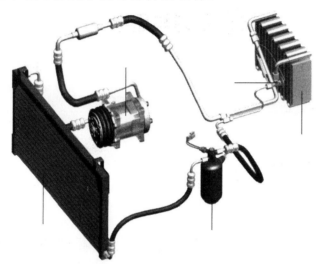

图 6-1　膨胀阀式制冷循环系统

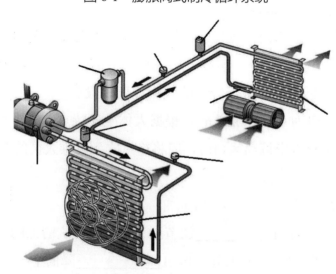

图 6-2　膨胀管式制冷循环系统

三、制冷系统的构造与原理

1. 制冷剂

制冷剂俗称 _____，又称 _____，是制冷系统中用于 _____、完成制冷循环的工作介质，即作为热量交换的介质。汽车制冷剂有 _____（四氟乙烷）与 _____（二氯二氟甲烷），如图 6-3 所示。

图 6-3　制冷剂

以前汽车的空调系统大多采用 _____ 作为制冷剂，但由于泄漏的 R12（氟里昂-12）会破坏地球的臭氧层，危害人类的健康，因此这种制冷剂已列为淘汰产品。国家规定，2000 年以后生产的新车不准 _____。因此，_____。

R-134a 是目前 _____，

其 _____；

其 _____；

_____。R-134a 和 R12 不能 _____，否则 _____。

制冷系统的制冷原理主要是 _____。当物质由液体变为气体时，_____，液体的气化使液体的温度降低，_____，环境物体提供热量；当物质由气体变为液体时，_____，制冷剂向 _____，气体的液化 _____。

在整个制冷过程中，制冷剂只有 _____。

2. 压缩机

（1）安装位置。

空调压缩机如图 6-4 所示，安装在蒸发器与冷凝器之间，由曲轴皮带带动。

图 6-4　空调压缩机

（2）功用。

空调压缩机是 _____，起着 _____，即把 _____

_____。

空调压缩机是 _____、_____。

（3）工作原理。

空调压缩机的接通或断开由 _____ 控制，而电磁离合器由 _____。离合器的电磁线圈实际上是一个电磁铁，当离合器 _____，压缩机主轴 _____，制冷剂也 _____；通电以后产生磁场，_____，将_____，把驱动带轮的功率传给压缩机，从而驱动 _____；一旦切断电流，_____，_____，_____。

3．电磁离合器的组成

请标注图 6-5 中零部件的名称。

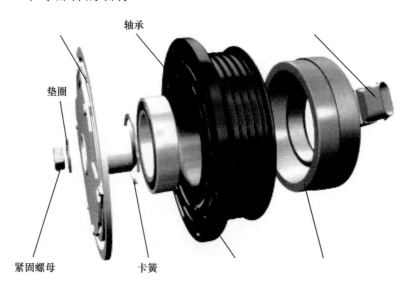

图 6-5　电磁离合器的组成

4．储液干燥器

（1）安装位置。

储液干燥器安装在 ＿＿＿＿＿＿＿＿＿＿＿＿ 之间。

（2）功用。

储液干燥器是 ＿＿＿＿＿＿＿＿＿＿＿＿＿＿＿＿＿＿＿＿＿＿＿，可除去制冷剂中的 ＿＿＿＿＿＿＿＿＿＿＿＿＿＿＿＿＿＿＿＿＿＿＿，并能通过它上方的液窗观察制冷剂的 ＿＿＿＿＿＿＿＿＿＿＿＿＿＿＿。

（3）结构。

请标注图 6-6 中零部件的名称。

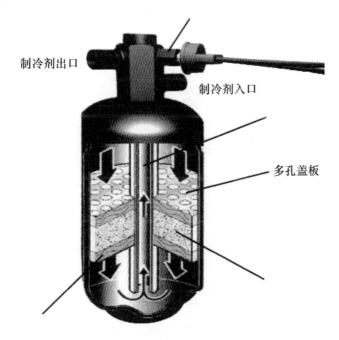

制冷剂出口

制冷剂入口

多孔盖板

图 6-6 储液干燥器

（4）工作原理。

高温高压液态制冷剂进入储液干燥器，流过 ＿＿＿＿＿＿＿，将各种悬浮颗粒留在过滤区中，在经过干燥区时，除去所含的水汽，过多的制冷剂储存在 ＿＿＿＿＿＿＿，制冷剂由 ＿＿＿＿＿＿＿。

有些汽车空调系统的视液镜安装在 ＿＿＿＿＿＿＿＿＿＿＿＿ 之间，通过视液镜观察玻璃显示不同的 ＿＿＿＿＿＿＿＿，可以判断制冷剂 ＿＿＿＿＿＿＿＿＿＿＿＿＿＿（见图 6-7）。

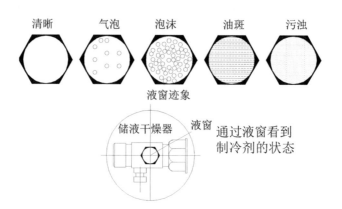

图 6-7 观察示意图

5．压力开关

（1）安装位置。

压力开关（见图 6-8）装在 _____。

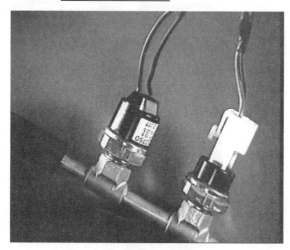

图 6-8 压力开关

（2）功用。

当压力 _____ 时，使压缩机停止工作，起到 _____。它直接把电信号反馈给 ECU，通过 _____。

6．冷凝器

（1）安装位置。

冷凝器（见图 6-9）一般安装在汽车车头、侧面或车底，通常设置在散热器前面。

（2）功用。

它把压缩机排出的 _____，通过向车外 _____，转变为 _____。

（3）结构。

冷凝器一般采用铝材料制造，按照结构类型分为 _____、_____ 和 _____3 种。

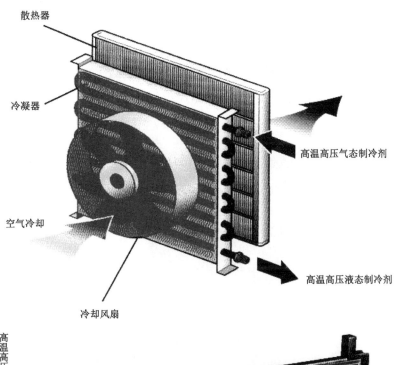

散热器

冷凝器

空气冷却

冷却风扇

高温高压气态制冷剂

高温高压液态制冷剂

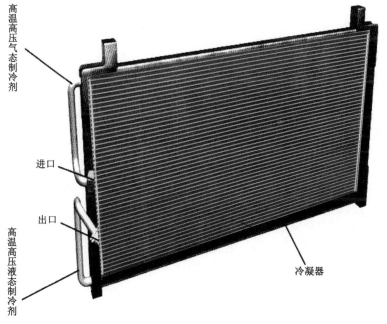

高温高压气态制冷剂

进口

出口

高温高压液态制冷剂

冷凝器

图 6-9 冷凝器

7. 蒸发器

（1）安装位置。

蒸发器一般安装在 _____ 之间，安放在仪表台中的 _____。

（2）功用。

蒸发器也是 ＿＿＿＿＿＿＿＿＿＿，功能 ＿＿＿＿＿＿＿＿＿＿，将 ＿＿＿＿＿＿＿＿＿＿，通过吸收流经蒸发器空气的热量来 ＿＿＿＿＿＿＿＿＿＿。

（3）结构。

蒸发器一般采用铝制造，其结构（见图 6-10）与 ＿＿＿＿＿＿＿＿＿＿ 相似，按照结构类型也分为管片式蒸发器、管带式蒸发器和层叠式蒸发器 3 种。

图 6-10 蒸发器的结构

（4）工作原理。

空调系统工作时，当来自 ＿＿＿＿＿＿ 通过蒸发器管道时，液态制冷剂在 ＿＿＿＿＿＿，利用 ＿＿＿＿＿＿＿＿＿＿。当热、湿空气通过 ＿＿＿＿＿＿ 时，碰到 ＿＿＿＿＿＿ 的金属 ＿＿＿＿＿＿ 和 ＿＿＿＿＿＿＿＿＿＿，空气 ＿＿＿＿ 下来,空气中的 ＿＿＿＿＿＿ 被 ＿＿＿＿＿＿ 沿 ＿＿＿＿＿＿ 流下排出，＿＿＿＿＿＿＿＿ 的空气被送入车内，使车厢温度 ＿＿＿＿＿＿，＿＿＿＿＿＿。同时，＿＿＿＿＿＿ 制冷剂变为 ＿＿＿＿＿＿ 制冷剂，并回到 ＿＿＿＿＿＿。在 ＿＿＿＿＿＿ 前面安装有一个 ＿＿＿＿＿＿，用于检测蒸发器的 ＿＿＿＿＿＿，并将该信息提供给空调的 ＿＿＿＿＿＿，以避免蒸发器 ＿＿＿＿＿＿，设定界限为 ＿＿＿＿＿＿ 左右。

8．膨胀阀

（1）安装位置。

膨胀阀（见图 6-11）一般安装在 ＿＿＿＿＿＿＿＿＿＿。

（2）功用。

① 节流降压：它使从 ＿＿＿＿＿＿ 来的 ＿＿＿＿＿＿ 制冷剂 ＿＿＿＿＿＿ 成为容易蒸发的 ＿＿＿＿＿＿ 制冷剂，制冷剂进入 ＿＿＿＿＿＿ 后，在蒸发器内 ＿＿＿＿＿＿。

② 自动调节制冷剂流量：＿＿＿＿＿＿＿＿＿＿ 可根据系统 ＿＿＿＿＿＿＿＿＿＿ 需要量的变化 ＿＿＿＿＿＿ 地调节 ＿＿＿＿＿＿，以满足 ＿＿＿＿＿＿ 要求。

（3）类型。

膨胀阀主要有 _____ 式、_____ 式两种类型。其中，外衡式膨胀阀又分 F 型和 H 型两种结构类型。

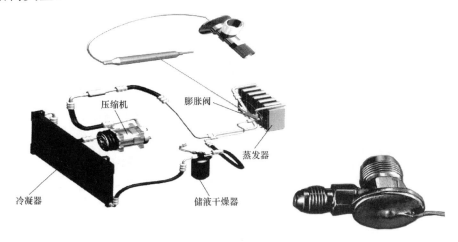

压缩机   膨胀阀

冷凝器   储液干燥器   蒸发器

图 6-11　膨胀阀及其实物图

四、制冷系统的工作原理

制冷系统是利用制冷剂（_____ 或 _____）在由_____ 转化为 _____ 过程中需要吸收 _____，以及制冷剂在由 _____ 转化为 _____ 过程中对外 _____ 的原理来达到 _____ 目的的。如图 6-12 所示，压缩机在 _____ 的驱动下，经 _____ 和 _____ 带动 _____ 旋转，吸入来自_____ 的 _____，将其 _____ 成为温度约 _____、压力为 _____ 的_____，经 _____ 送入。进入 _____ 的经 _____ 后，温度下降为_____、压力为 _____ 的 _____。_____ 制冷剂进入 _____，去除 _____ 和 _____，经 _____ 送至 _____。_____ 经 _____ 节流变为压力为 _____、温度为 _____ 的 _____ 制冷剂 _____。制冷剂在蒸发器中 _____ 周围空气的 _____ 而 _____，从而使 _____ 及 _____ 温度降低，_____ 周围将始终保持 _____ 的温度。_____ 将空气 _____ 蒸发器 _____，将冷气送进 _____。由于 _____，所以当_____ 到达蒸发器 _____ 时，温度升至 _____ 左右。如果 _____ 地运转，那么_____ 的制冷剂又被压缩机 _____，从而使上述工作过程不断地 _____ 下去。同时，当车厢内 _____ 时，_____ 经蒸发器 _____，空气中的 _____ 会在蒸发器表面 _____ 车外，使车厢空气中的 _____，达到 _____ 的目的。

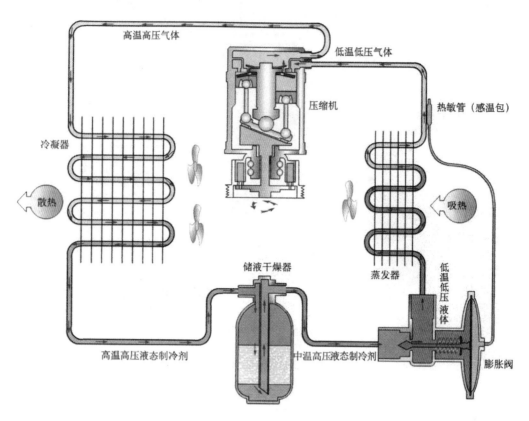

图 6-12   制冷原理图

五、汽车空调制冷系统的控制电路

随着计算机控制技术的发展，许多车辆上都采用了_____，能为车厢内提供并保持_____的_____。五菱小旋风汽车空调制冷系统控制电路如图 6-13 所示，主要包括_____、_____电路、_____电路和_____控制电路等。

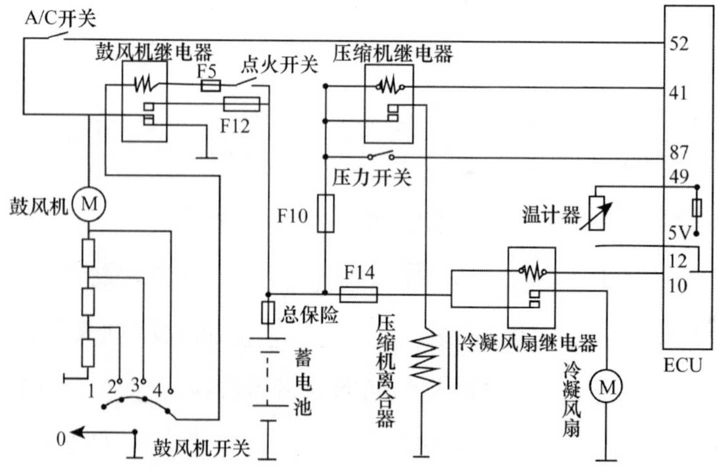

图 6-13   五菱小旋风汽车空调制冷系统控制电路

打开点火开关，电流从 _____ 到 _____，再到 _____，如果在打开 _____ 时，鼓风机 _____ 搭铁被 _____，那么鼓风机 _____；由于 _____，2、3、4 挡的 _____。

当打开 A/C 开关时，电流经 _____ 流向 ECU，如果符合以下两个条件，那么 _____ 会接通 _____ 与 _____ 的搭铁，_____ 工作。

（1）车外温度 _____ 时。

（2）高/低压压力开关 _____ 之间 _____。

六、空调暖风系统

请标注图 6-14 中零部件的名称。

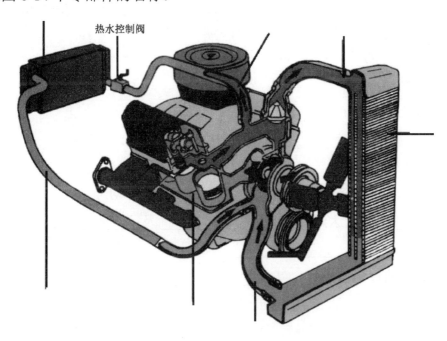

热水控制阀

图 6-14　空调暖风系统结构

轿车一般采用 _____ 式暖风系统。_____ 式暖风系统一般以 _____ 冷却系统中的 _____ 为 _____，将 _____ 引入车内的 _____，用鼓风机送来的车内空气（内气式）或车外空气（外气式）与热交换器中的冷却液进行热交换，鼓风机将加热后的 _____ 送入车内。

水暖式暖风系统以水泵作为冷却液循环的动力。当不使用 _____ 时，冷却液通过上部软管进入散热器，散热后的冷却液由散热器下水管回到发动机。当使用暖气时，经发动机上的 _____ 分流出来的 _____ 送入 _____ 的 _____，冷却液由加热

器 _____ 回到 _____。_____ 在 _____ 的作用下,通过加热器被 _____ 后,由不同的 _____。

七、空调通风、净化系统

请标注图 6-15 中有引线的零部件的名称。

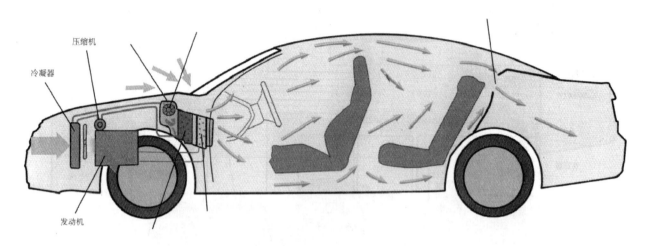

压缩机

冷凝器

发动机

图 6-15　空调通风、净化系统

通风、净化系统主要是 _____。

驾驶员根据需要,使空气进行 _____ 或 _____,对 _____ 进行 _____,同时,控制 _____,以达到 _____、_____ 及 _____ 的功效。通风系统包括 _____、_____、_____、_____、_____ 及 _____。

空气净化系统的作用原理是 _____,除去车内空气中的 _____、_____。

八、汽车制冷系统的检测

（一）空调歧管压力表

1. 作用

空调歧管压力表是 _____,主要用于 _____、_____,充注 _____,加注 _____,系统 _____ 和 _____ 等工作。空调歧管压力表如图 6-16 所示,请标注图中各零件的名称。

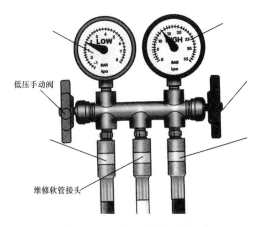

图 6-16　空调歧管压力表

2．空调歧管压力表的＿＿＿＿＿＿＿＿

（1）关闭＿＿＿＿＿＿＿表的＿＿＿＿＿＿＿＿、＿＿＿＿＿＿＿＿＿阀门。

（2）将空调歧管压力表的＿＿＿＿＿＿＿＿＿＿＿接到制冷系统的＿＿＿＿＿＿＿＿＿上，＿＿＿＿＿＿＿＿接头与高压侧＿＿＿＿＿＿＿＿相连，低压侧＿＿＿＿＿＿＿＿与＿＿＿＿＿＿＿＿相连。

（3）连接时，要保证＿＿＿＿＿＿＿＿，接头能顶开＿＿＿＿＿＿＿＿的＿＿＿＿＿＿＿＿。

（4）中间＿＿＿＿＿＿＿＿管按需要连接＿＿＿＿＿＿＿＿、＿＿＿＿＿＿＿或＿＿＿＿＿＿＿、＿＿＿＿＿＿＿。

（二）抽真空

空调系统一经＿＿＿＿＿＿＿＿＿＿就＿＿＿＿＿＿＿＿，如图 6-17 所示，以清除可能进入空调系统的＿＿＿＿＿＿＿＿＿和＿＿＿＿＿＿＿＿＿。

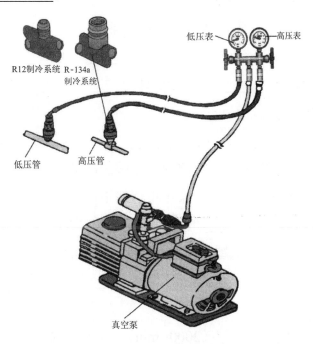

图 6-17　抽真空

抽真空的操作步骤如下。

（1）将 ＿＿＿＿＿＿＿＿ 与 ＿＿＿＿＿＿ 相连，将 ＿＿＿＿＿＿ 的 ＿＿＿＿＿＿ 接到 ＿＿＿＿＿＿ 进口。

（2）打开 ＿＿＿＿＿＿＿＿ 和 ＿＿＿＿＿＿＿＿ 阀，＿＿＿＿＿＿＿＿。如果打开 ＿＿＿＿＿＿ 阀，＿＿＿＿＿＿ 表进入 ＿＿＿＿＿＿ 范围，则说明系统中 ＿＿＿＿＿＿。

（3）大约 ＿＿＿＿＿＿ 后，检查低压表 ＿＿＿＿＿＿，若大于 ＿＿＿＿＿＿，则关闭 ＿＿＿ 和 ＿＿＿＿＿＿ 阀并停止 ＿＿＿＿＿＿。＿＿＿＿＿＿ 后，检查 ＿＿＿＿＿＿ 值有无变化，如果有 ＿＿＿＿＿＿，则应检查和修理 ＿＿＿＿＿＿ 处；如果没有 ＿＿＿＿＿＿，则继续 ＿＿＿＿＿＿，直至低压表读数为 ＿＿＿＿＿＿。

（4）关闭 ＿＿＿＿＿＿＿＿ 和 ＿＿＿＿＿＿＿＿ 阀，停止 ＿＿＿＿＿＿ 工作，＿＿＿＿＿＿ 或 ＿＿＿＿＿＿ 后，检查 ＿＿＿＿＿＿ 读数是否有变化，若 ＿＿＿＿＿＿，则可向空调系统 ＿＿＿＿＿＿。

（三）制冷剂的充注

1. ＿＿＿＿＿＿ 充注法

将制冷剂从 ＿＿＿＿＿＿ 充注到制冷系统，注入的是 ＿＿＿＿＿＿，因此加液速度 ＿＿＿＿＿＿。这种充注法适用于 ＿＿＿＿＿＿ 向制冷系统充注 ＿＿＿＿＿＿。

在停机状态下进行操作，操作步骤如下。

（1）制冷剂注入之前，要排除制冷剂注入管道中的 ＿＿＿＿＿＿。

（2）完全打开 ＿＿＿＿＿＿ 阀，并保持制冷剂罐 ＿＿＿＿＿＿。

（3）＿＿＿＿＿＿ 充入制冷系统后，关闭 ＿＿＿＿＿＿ 阀。

（4）高压表显示值达到 ＿＿＿＿＿＿ MPa 即可 ＿＿＿＿＿＿ 制冷剂。

2. ＿＿＿＿＿＿ 充注法

将 ＿＿＿＿＿＿ 从 ＿＿＿＿＿＿ 充注到 ＿＿＿＿＿＿，注入的是 ＿＿＿＿＿＿，因此充注速度 ＿＿＿＿＿＿。这种充注法适用于汽车空调制冷系统制冷剂 ＿＿＿＿＿＿ 时 ＿＿＿＿＿＿ 添加。

在压缩机运转的情况下进行充注，操作步骤如下。

（1）排除制冷剂注入 ＿＿＿＿＿＿ 的 ＿＿＿＿＿＿。

（2）制冷剂罐 ＿＿＿＿＿＿ 放置，避免 ＿＿＿＿＿＿ 的 ＿＿＿＿＿＿，以防止压缩机产生 ＿＿＿＿＿＿，打开 ＿＿＿＿＿＿ 阀，调节 ＿＿＿＿＿＿ 手阀，使低压表读数不超过 ＿＿＿＿＿＿。

（3）将发动机置于 ＿＿＿＿＿＿（2000r/min），并使空调系统 ＿＿＿＿＿＿。

（4）充入 ＿＿＿＿＿＿ 后，低压表显示值达到 ＿＿＿＿＿＿ MPa 即可停止注入 ＿＿＿＿＿＿。

关闭 _____ 阀。

在充注时，可将 _____ 浸入 _____（最高温度为 40℃）中，可 _____。

（四）空调系统检漏

检漏方法：_____ 在短时间内大量减少，应该进行 _____ 检查。方法有 _____ 法、_____ 检测法、_____ 法、_____ 法、_____ 法。

（1）_____：观察 _____，有漏的地方一般会沾有 _____（直观有效）。

（2）_____ 法：把 _____（洗手）液溶于水中 _____，把 _____ 涂在怀疑有 _____ 的接头处，如果有 _____，则会不断有 _____。该方法较常用。

（3）_____ 法：用 _____ 着 _____ 着色剂，这种 _____ 一碰到制冷就会 _____。这种方法也很 _____，但价格 _____，修理厂很少使用。

（4）_____ 法：_____ 便宜 _____ 高，但使用 _____ 且 _____，现很少使用。

🔍 判断题

1. 空调在工作时，干燥瓶两边的管道温差大，出现露水现象，此时可判断干燥瓶有堵塞。（   ）

2. R134a 系统与 R12 系统的冷冻机油可以互相使用。（   ）

3. 制冷剂蒸发时的潜热越大，制冷剂的循环量就可以增加。（   ）

4. 从汽车空调膨胀阀流出的制冷剂为低压气态。（   ）

5. 当制冷剂纯度不低于 96% 时，可结束净化过程。（   ）

6. 电磁离合器是压缩机总成的一部分。（   ）

7. 非独立式汽车空调的采暖系统的热源来自发动机的冷却水或排气。

（   ）

8. 高压管路用于连接冷凝器和蒸发器。（   ）

9. 高压开关用于接通冷却风扇电路，使其高速运转。（   ）

10. 在加第一罐制冷剂时，将制冷剂罐倒立，打开高，低压手动阀，并开启空调。

（   ）

选择题

1. 空调在正常工作时，蒸发器流动的是（　　）的制冷剂。
   A. 高压低温液态　　　　　　　　　B. 低压低温气态
   C. 高压高温气态　　　　　　　　　D. 高压中温液态

2. 查找 R12 系统制冷剂泄漏点最为准确的方法是（　　）。
   A. 肥皂泡法　　　　　　　　　　　B. 卤素灯法
   C. 电子检漏法　　　　　　　　　　D. 油污法

3. R12 空调系统低压侧的正常压力一般应为（　　）MPa。
   A. 0.10～0.20　　　　　　　　　　B. 0.15～0.20
   C. 1.50～1.60　　　　　　　　　　D. 1.45～1.50

4. 宝马、奔驰等轿车的空调鼓风机调速装置多采用（　　）。
   A. 功率晶体管　　　　　　　　　　B. 调速电阻器
   C. 空调放大器　　　　　　　　　　D. 空调 ECU

5. 在测量空调压缩机离合器间隙时，应用（　　）进行。
   A. 厚薄规　　　　B. 量规　　　　C. 卡尺　　　　D. 百分表

6. 抽完真空后加注第一小罐制冷剂，应将制冷剂罐（　　），打开（　　）手动阀，且不能启动空调系统。
   A. 直立，低压　　B. 倒立，低压　　C. 倒立，高压　　D. 直立，高压

7. 当制冷剂含有水分时，会出现（　　）现象。
   A. 脏堵　　　　　B. 冰堵　　　　C. 气阻　　　　D. 水堵

8. 对于同一个干湿球温度计周围的空气，干湿球温差越小，空气的湿度越（　　）。
   A. 大　　　　　　B. 小　　　　　C. 没有变化　　　D. 不一定

9. 在制冷系统中，刚从膨胀阀节流降压出来的制冷剂温度要求为（　　）。
   A. -5℃　　　　　B. -10℃　　　　C. -15℃　　　　D. -20℃

10. 自动空调的车内温度传感器安装的位置是（　　）。
    A. 中央出风口
    B. 除霜出风口
    C. 吸气管道入口
    D. 外循环空气入口

任务实施

一、空调压缩机连接器故障排除

（1）准备工作。

将工位清理干净，准备好与空调相关的工具、材料等，如图6-18所示。

图6-18　准备材料

设备：丰田卡罗拉整车一辆。

工具及耗材：数字式万用表、检漏仪、空调回收仪、空调压力表及附件、R134a和毛巾等。

（2）安装 _____。

① 安装车轮 _____。

② 打开引擎盖，安装 _____ 及 _____，如图6-19所示。

图6-19　安装_____及_____

（3）检查发动机 _____、测量蓄电池电压。

如图6-20所示，检查 _____ 正常；蓄电池电压为 _____，正常。

图 6-20　检查发动机机油、测量蓄电池电压

（4）检查空调压缩机（压缩机电磁阀），如图 6-21 所示。

没有线束连接的零部件：
空调压缩机（压缩机电磁阀）

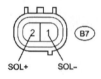

SOL+　　SOL-

图 6-21　检查压缩机电磁阀

① 断开 ＿＿＿＿＿＿＿＿＿＿＿＿＿＿＿＿＿。

② 测量端子 1 和 2 之间的 ＿＿＿＿＿＿＿＿。电阻测量值参考 1 如表 6-1 所示。

表 6-1　电阻测量值参考 1

检测仪连接	条件	规定状态
B7-2（SOL+）—B7-1（SOL-）	20℃（68°F）	10～11Ω

最后测量电阻为 10.4Ω。

（5）检查 ＿＿＿＿＿＿ 和 ＿＿＿＿＿＿（空调压缩机—车身搭铁），如图 6-22 所示。

① 断开 ＿＿＿＿＿＿＿＿ 连接器。

线束连接器前视图：
至空调压缩机（压缩机电磁阀）

SOL-

图 6-22　检查＿＿＿＿＿＿和＿＿＿＿＿

② 测量 B7-1（SOL-）--_____和车身搭铁_____：测量电阻为_____。

电阻测量值参考 2 如表 6-2 所示。

表 6-2　电阻测量值参考 2

检测仪连接	条件	规定状态
B7-1（SOL-）—车身搭铁	始终	小于 1Ω

（6）检查_____和_____（空调放大器），如图 6-23 所示。

① 断开_____（压缩机电磁阀）连接器。

② _____，如图 6-24 所示。

线束连接器前视图：
至空调压缩机（压缩机电磁阀）

线束连接器前视图：至空调放大器

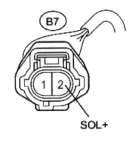

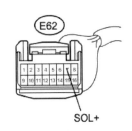

图 6-23　检查线束和连接器　　　　图 6-24　断开空调放大器连接器

③ 测量电阻。

测得电阻分别为：E62-7-B7-2 之间的电阻为_____Ω、E62-7—车身搭铁的电阻

为_____，如图 6-25 所示。电阻测量值参考 3 如表 6-3 所示。

表 6-3　电阻测量值参考 3

检测仪连接	条件	规定状态
B62-7（SOL+）—B7-2（SOL+）	始终	小于 1Ω
E62-7（SOL+）—车身搭铁	始终	10kΩ或更大

图 6-25　测量电阻

（7）更换 _____ 。

（8）启动汽车打开 _____ ，检查 _____ ，无 _____ ，_____ 已经排除。

（9）_____ 、_____ ，_____ 。

二、制冷剂的加注

（1）准备工作。

将 _____ ，准备好与空调相关的 _____ 、_____ 等，如图 6-18 所示。

设备：丰田卡罗拉整车一辆。

工具及耗材：_____ 、_____ 、_____ 、_____ 及附件、_____ 、毛巾等。

（2）安装 _____ 。

① 安装 _____ 。

② 打开 _____ ，安装 _____ 及 _____ ，图 6-19 所示。

（3）检查 _____ 、测量 _____ ，如图 6-20 所示。

检查 _____ 正常，蓄电池电压为 _____ 正常。

（4）车上检查。

启动 _____ ，将车门 _____ ，将温度设置到 "_____" 挡，将鼓风速度调到 "_____" 挡，将空调开关打到 "_____" 位置。

检查制冷剂：检查 _____ 附件上的 _____ ，如图 6-26 所示。

目测检查：_____ 。

用检漏仪检查 _____ ，如图 6-27 所示。

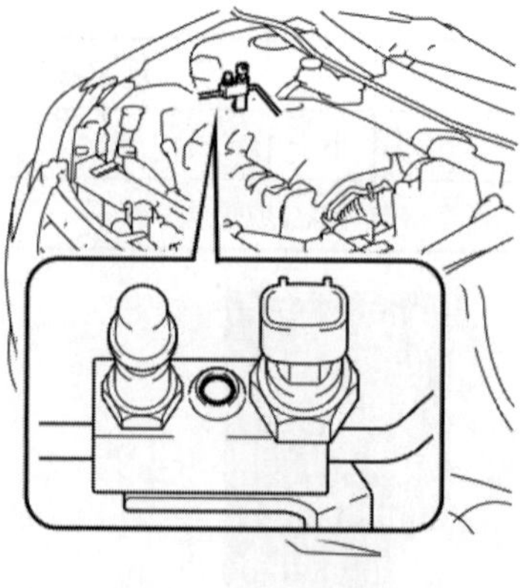

图 6-26　检查_____附件上的_____

图 6-27　用检漏仪检查_____

（5）用歧管压力表组件检查制冷 _____ ，如图 6-28 所示。

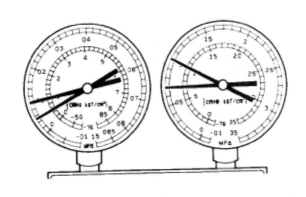

图 6-28　检查制冷_____

检查发现，高压侧压力为_____ MPa，低压侧压力为_____ MPa，低于_____。

（6）加注制冷剂的具体操作。

连接好仪器，加注制冷剂，直到_____都在正常范围内。注意：加注前，应压下中间的阀门，把连接管中的空气完全排出，如图 6-29 所示。

图 6-29　加注制冷剂

（7）_____，检查故障，无故障码，故障已经排除。

（8）_____、_____，_____。

故障诊断与排除

张先生开了两年多的卡罗拉轿车，在使用空调制冷时，打开空调开关，各出风口正常出风，但不是凉风；把温度滑键调至最冷，仍然不出凉风。请根据所学知识分析故障发生的原因并制定解决方案，根据方案排除故障。

一　问诊

根据客户陈述检查各故障点并按要求填写车辆检查问诊单（见表 6-4）。

表 6-4　车辆检查问诊单

客户姓名		车牌			
客户电话		车型			
维修顾问		车架号			
预计交车时间		行驶里程数		燃油表显示	
外观确认：		仪表故障信息：			
客户陈述故障					
报检项目					
建议维修项目					
客户签字		服务顾问签字			

其他：

二、制定维修方案

　　老师将学生分成若干小组，每组 5 人左右，每组选出一个组长，组长负责对组员进行任务分配，组员按照组长的要求完成相应的任务，并将所完成的任务内容填入个人任务工作表（见表 6-5）中。

表6-5　个人任务工作表

序号	任务	个人任务	完成情况	教师或组长检验结果
1	张先生开了两年多的卡罗拉轿车，在使用空调制冷时，打开空调开关，各出风口正常出风，但不是凉风；把温度滑键调至最冷，仍然不出凉风。请根据所学知识排除相关故障			
2				
3				
4				

三、填写维修卡

根据检查的结果制定维修方案并按要求填写维修卡（见表6-6）。

表6-6　维修卡

服务专员		日期		制单人员	
工单号		进厂日期		发动机号	
车主		车主电话		车架号（VIN）	
地址					
车牌号		车型			
检查结果					
维修方案	1.拆装				
	2.维修				
	3.更换				
维修人员签字		组长签字		指导教师签字	

四、填写维修工单

根据维修方案排除故障并按要求填写维修工单（见表6-7）。

表 6-7　维修工单

服务专员		日期		制单人员	
工单号		进厂日期		发动机号	
车主		车主电话		车架号（VIN）	
地址					
车牌号		预定交车时间		质检	
车型		路试		洗车	
维修类别		进厂里程		保修结束里程	
维修项目	维修内容		工时	单价	金额
1.拆装					
2.修复					
3.喷漆					
4.更换					
5.机修					
6.四轮定位					
客户签字		维修技师签字		洗车技师签字	
		终检签字		维修经理签字	

 任务评价

教师及学生对本任务学习进行评价，并填写任务评价表（见表 6-8）。

表 6-8　任务评价表

评价内容及评分标准		自我评价（打分）	小组相互评价（打分）	教师评价（打分）
信息收集（15分）	理解任务或问题的程度（5分）			
	收集信息的完整性（5分）			
	对信息（知识）的领会程度（5分）			
制订计划（20分）	计划制订的参与程度（10分）			
	计划的合理性及实用性（10分）			
修改计划（15分）	与教师讨论计划（5分）			
	与教师讨论后，是否知道如何改进计划（5分）			
	计划修改后的完整性（5分）			
实施（20分）	是否按计划进行工作（5分）			
	是否亲自实施计划（5分）			
	是否记录工作过程及结果（10分）			

续表

评价内容及评分标准		自我评价（打分）	小组相互评价（打分）	教师评价（打分）
检查（15分）	是否按计划的要求完成任务（5分）			
	是否达到预期目标（5分）			
	整个工作流程是否与标准流程符合（5分）			
评价（15分）	是否按计划完成了任务或解决了问题（5分）			
	在哪个环节上可以改进（2分）			
	学习团队的合作情况（3分）			
	现场7S及劳动纪律（5分）			
总分（100分）				
总评				

 技能考核

空调检测及制冷剂加注考核（时间：30分钟）

一体化项目（任务）考核评分表如表6-9所示。

表6-9　一体化项目（任务）考核评分表

任课教师签字：

序号	考核内容	配分	评分标准	考核记录	扣分	得分
一	考前准备	2	备齐所需的工、量具及设备			
二	空调的检测及制冷剂的加注	5	1. 安装三件套			
		5	2. 安装车轮挡块			
		5	3. 打开引擎盖，安装翼子板及前格栅布			
		5	4. 检查发动机机油、测量蓄电池电压			
		10	5. 车上检查：启动车辆，将车门全打开，将温度设置到"MAX COLD"挡，鼓风速度调到"HI"挡，将空调开关打到"ON"位置			
		10	6. 检查制冷剂：检查空调管和附件上的观察孔			
		10	7. 用歧管压力表组件检查制冷压力			
		15	8. 加注制冷剂			
		5	9. 启动汽车，打开空调测试			

汽车电气设备构造与维修 一体化工作页

续表

序号	考核内容	配分	评分标准	考核记录	扣分	得分
三	基础知识填空	15	回答正确、书写工整、按时全部完成			
四	职业素养	5	1．课堂纪律			
		5	2．文明操作			
		3	3．7S 管理			
五	时间要求	—	每超 1 分钟扣 1 分，超过 10 分钟者不予及格			
合计	—	100	—			

期末总评如表 6-10 所示。

表 6-10　期末总评

	项目一	项目二	项目三	项目四	项目五	项目六	总评分
项目及所占比例	15%	20%	15%	15%	20%	15%	
各项目考试分							
折算后得分							